L'IMPOSSIBLE EST UN BON DÉBUT

Salim Ejnaïni

L'impossible est un bon début

Fayard

Ce livre est édité sous la direction d'Alexandre Duarte

Couverture : Le Petit Atelier
Illustration : Geoffroy van der Hasselt/AFP
ISBN : 978-2-213-70538-5
Dépôt légal : octobre 2019
© Librairie Arthème Fayard, 2019.

À cette artiste qui rassemblait toujours autour des couleurs qu'elle savait peindre sur nos cœurs, à l'homme honorable qui n'a jamais perdu de son amour ni de sa grandeur, et à leur fille devenue la première héroïne de ma vie.

Préface

Il y a quelques années au Jumping de La Baule... J'arrive en bordure de la piste du concours hippique, quelqu'un me parle mais mon attention est attirée par quelque chose d'inhabituel. Je vois deux chevaux montés par des cavaliers qui se suivent à quelques foulées et qui sautent des obstacles. Je réalise que la cavalière devant donne des indications au cavalier de derrière. Je m'interroge sur ce que je vois lorsque la personne m'accompagnant m'explique que le cavalier est non voyant. Au début je crois à une blague puis je suis immédiatement submergé par une très forte émotion. Je regarde le parcours de ce cavalier avec une admiration immense ! Je suis choqué par ce que je vois et il plane sur la piste et autour une ambiance étrange. Un profond respect de la part de tous les spectateurs. Au déjeuner j'ai la chance de rencontrer le fameux cavalier. Il s'appelle Salim et il me raconte son histoire, son enfance, son parcours... Je l'écoute avec beaucoup d'attention et je suis immédiatement séduit par son humour, sa dérision, sa force et sa volonté. Il me parle de ses rêves et finit par me dire que ce qu'il aimerait vraiment, c'est faire un parcours d'obstacles tout seul. Je réalise alors que ce mec est aussi un peu barge. Mais il a l'air très sérieux et m'explique que si on lui donne des indications à la voix il peut s'en sortir. J'aime ce qu'il raconte, j'aime sa détermination, son courage et je veux l'aider à vivre ce rêve. Nous voilà réunis alors tous les deux par ce rêve et ce pari. Beaucoup de gens l'ont aidé à mettre cela en place, notamment Christophe Ameeuw que je présente à Salim et qui accepte de l'inviter aux Masters de Paris pour faire ce parcours tout seul. Le pari est fou mais Salim non seulement le remportera, mais fera l'année d'après sur la même piste un concours de saut en hauteur devant un public ému et estomaqué. À peine terminé, je sens chez Salim qu'il est déjà ailleurs, dans ce qu'il va faire ensuite, après... Comment à nouveau se surpasser ?

Ce très beau livre retrace son histoire, sa vie, ses souffrances, mais aussi son incroyable force et sa détermination. Salim est un exemple de courage et montre l'importance de la pensée positive. Il nous prouve avec beaucoup d'intelligence et une sacrée plume comment il faut croire en ses rêves. Et vous verrez qu'il n'a pas fini de rêver et de nous étonner.

Guillaume Canet

Avant-propos

La différence est une notion que j'ai toujours eu du mal à définir. Si elle trouve écho dans l'esprit de tous, elle y fait aussi résonner une définition qui reste propre à chacun. En somme, la différence appartient à chacun, comme une singularité qui le sépare de tout le reste du monde. Et si elle commence souvent par déranger celui qui est attaché à un monde ordinaire et ordonné, elle nous démontre bien souvent que par nature, nous sommes faits pour nous en accommoder.

Vous et moi avons peut-être en commun un certain brouillard matinal. Une torpeur de laquelle seul votre café, thé ou boisson chaude favorite a le pouvoir de vous sortir.

Alors chaque jour, vous vous levez, prenez votre courage à deux mains et entamez votre traversée du logis vers la cuisine. Là débute la rituelle recherche de votre tasse préférée. Elle est, à ce moment précis, le seul objet dont vous distinguez clairement les contours. Vous la saisissez, sentez votre premier sourire de la journée faire son apparition, et déposez l'objet si précieux en évidence sur le plan de travail. Une journée comme les autres, en somme. Une journée qui commence plutôt bien mais qui, pourtant, est sur le point de basculer.

L'espace d'une seconde, vous êtes maladroit et, dans un mauvais geste, faites glisser votre tasse vers le bord du meuble. N'obéissant qu'aux lois de la physique, cette dernière se voit précipitée dans le vide, heurtant à plusieurs reprises votre bien innocent carrelage, que vous maudissez de toutes vos forces. Vos esprits retrouvés, vous passez en revue la situation. « Tout va bien. Elle est toujours entière et elle était vide, j'ai évité le pire. Un coup d'eau, et on recommence. » Seulement voilà, lorsque vous vous penchez pour la ramasser, vous réalisez que quelque chose n'est pas comme avant. D'abord, vous ne remarquez rien. Ce sont vos doigts qui semblent le supposer. Mais vous sentez bien que quelque chose manque. Et lorsque vos yeux embrumés entament un ultime état des lieux de votre cuisine, vous apercevez, dépassant d'un coin d'ombre, la hanse gisant au sol.

    Que faire alors ? Cette tasse, que vous aimiez tant, ne peut-elle plus remplir sa fonction ? Trop ému pour vous appesantir sur la question, vous jetez le débris, et rangez votre protégée au fond du placard, lui préférant de façon éphémère une de ses voisines. Il en ira d'ailleurs de même le lendemain, le surlendemain et bien des jours après eux. Vous ferez ainsi longtemps le choix de laisser votre tasse abîmée au fond du placard. Puis arrive un jour où, sans l'avoir décidé, à la faveur d'un évier plein ou d'un appel du cœur, vous reposez la main sur cette tasse à la hanse brisée. Après l'avoir longtemps oubliée, vous la redécouvrez avec bonheur. Au moment de l'accident, vous n'aviez pas pris le temps de constater à quel point le reste était intact. Ce jour-là, vous redonnez contenance à cette tasse, et y retrouvez un petit plaisir oublié. Alors, elle retrouve sa place à l'avant du placard, malgré une mésaventure qui n'a plus pour vous qu'une importance anecdotique. Et là où certains verront en cette tasse un objet imparfait, incomplet, une fourberie tout juste bonne à risquer de vous couper ou vous brûler les doigts, vous saurez, d'une manière qui n'appartient qu'à vous, combien cette tasse est précieuse. Peu vous importe qu'elle ait quelque chose en moins. À vos yeux, elle aura toujours quelque chose de plus que les autres.

Chapitre I

Forteresse intérieure

Dans une chambre d'hôtel, ma main se pose sur le pantalon blanc et le polo de concours que je porterai ce soir. Je n'ai pas à emporter grand-chose, l'essentiel m'attend déjà aux écuries du concours.

Ce 3 décembre 2016 est une journée particulière, qui devrait marquer un tournant dans ma vie personnelle et professionnelle. Moi, Salim Ejnaïni, vingt-quatre ans, cavalier et aveugle, je m'apprête à enchaîner un parcours d'obstacles sans l'appui d'un cheval guide aux Longines Masters de Paris.

Je profite de ce dernier instant pour vérifier mes affaires, quand ma sonnerie de téléphone m'interrompt. Ma synthèse vocale m'annonce « maman ».

— Alors, me demande-t-elle, bien dormi ?
— Je te dirai ça demain.

Elle rit puis marque un silence. Je devine à sa voix que son sommeil n'a pas dû être plus profond que le mien. Pourtant, elle y croit dur comme fer. Après toutes les épreuves que nous avons eues à vivre, cette force est devenue une seconde nature.

— Tu le sens comment ?
— On va faire ce qu'on sait faire. Rapsody en est capable et j'ai une super équipe.
— Eh, tu me prends pour une journaliste ou quoi ?, dit-elle en éclatant de rire, Bien sûr que ça va aller. Tu en as vu d'autres... Et tu t'y connais en « extraordinaire ».

Et pour cause. Je ne peux m'empêcher de me demander ce qu'aurait été ma vie si des cartes aussi inattendues ne l'avaient pas fait dévier de sa trajectoire.

La première « anomalie » est apparue très tôt chez moi. J'étais encore un nouveau-né quand on a décelé un reflet au fond de mon regard. Ma mère a été la première à s'en rendre compte, lorsque j'avais six mois. Ce premier signe n'a pas grand-chose de spectaculaire, ni de particulièrement inquiétant, rien que des reflets clairs au fond des yeux.

« Des yeux de chat », avait-on essayé de la rassurer. « Tu avais les mêmes quand tu étais petite. »

Le premier médecin ne s'en est d'ailleurs pas alerté, expliquant que cela disparaîtrait rapidement, et que j'étais en parfaite santé. C'est malheureusement une erreur fréquente dans le cas de ma pathologie. Et puis, qui pourrait penser qu'un petit bonhomme plein de vie est pourtant si gravement malade ?

Mais ma mère ne s'y est pas trompée, c'était de pire en pire. Elle m'a emmené voir un autre médecin qui a été formel. Il fallait me conduire en urgence à l'hôpital, au service d'ophtalmologie. Il n'y avait pas une seconde à perdre.

Nous étions à Bordeaux, où je suis né le 1er janvier 1992. Mes parents, Nadia Benjelloun et Majid Ejnaïni, s'étaient rencontrés quelques années plus tôt, encore étudiants. Tous deux marocains, ils avaient dans l'idée de retourner s'installer au Maroc aussitôt que leur situation le leur permettrait. Mais notre vie a basculé avec la découverte de ma maladie.

Mes six premiers mois ont pourtant été très heureux. C'est le court instant de ma vie où j'ai appris à voir. Certains spécialistes m'ont opposé depuis qu'il est impossible que je garde des vrais souvenirs de cette période, et pourtant il m'arrive encore aujourd'hui de rêver que ma vision est parfaite, comme elle l'était à l'époque.

Au CHU de Bordeaux, le diagnostic a été posé. J'étais atteint d'un cancer de la rétine, un « rétinoblastome bilatéral », dont on apprendrait plus tard qu'il est héréditaire. Quatre jours après mon admission en septembre 1992, il a fallu me retirer l'œil gauche, seul moyen d'empêcher les tumeurs de se propager. Il y en avait également dans l'œil droit, raison pour laquelle il fallait me traiter par chimiothérapie. J'étais jeune, mais j'avais de très bonnes chances de m'en sortir et de voir – ne serait-ce qu'un peu.

Ce que les mots ne disent pas, les actes le suggèrent. Pour avoir toujours été fusionnel avec ma mère, je savais que quelque chose ne se passait pas bien, même si elle était toujours présente et savait faire preuve de pédagogie.

Elle n'avait pas le pouvoir de m'empêcher de souffrir, mais elle avait celui de me faire comprendre que si j'avais « un peu mal », c'était pour mon bien. Le chaud peut brûler, l'eau peut mouiller, les infirmières peuvent piquer et les yeux doivent se surveiller.

Au fond, je n'étais pas à plaindre. J'avais la chance d'être entouré de deux parents auxquels je faisais entièrement confiance et qui m'expliquaient de leur mieux ma condition sans pour autant la dramatiser, ni trop m'en protéger. Ma mère était par exemple capable de me faire oublier ma peur de la cabine de radiothérapie en m'expliquant qu'elle m'y regarderait comme une vraie star à la télé. Et même si je ne savais pas bien ce qu'était une star, j'étais heureux. Et mon premier mot en me réveillant après était : « Télé ? »

Le plus effrayant dans un parcours de soins est son caractère imprévisible. Quelques mois après l'ablation de mon œil gauche, le médecin a décidé que tout n'allait pas bien – ce qu'on appelle une récidive. L'hôpital de Bordeaux nous a alors recommandé de nous rendre à l'Institut Curie en région parisienne, là encore en urgence. C'était un sacrifice à faire, mais c'étaient les mieux habilités à soigner le rétinoblastome.

Une fois sur place, on a informé mes parents que la maladie s'était réveillée dans mon œil droit, et qu'une cataracte rendait la surveillance des tumeurs compliquée. La prudence étant de mise dans ces situations, les médecins suggéraient alors de me retirer préventivement l'œil droit. Nous devions nous rendre à l'évidence : il était trop risqué de tenter le diable pour sauver un si petit restant visuel. Tous étaient d'accord, il n'y avait que cela à faire. On s'habituait à tout, et c'était plus sage.

Mais pour mes parents, c'était hors de question. Il y avait toujours un espoir que leur fils grandisse avec la lumière du jour. Alors, contre les recommandations des médecins, ils ont choisi de soigner les tumeurs en sauvant mon œil droit. Il a d'abord fallu retirer le cristallin opacifié par la cataracte, afin de voir correctement les tumeurs qui se cachaient derrière. Je suis alors passé d'un monde trouble à un monde en toutes petites images.

Puis a débuté le nouveau traitement. Ayant reçu les doses maximales de rayons, il avait fallu trouver autre chose. La cryothérapie, ou traitement par le froid, donnait alors de bons résultats, mais était extrêmement douloureuse, ce qui m'a valu un criant aveu en remontant dans ma chambre : « Maman, j'en ai marre… »

Suite à la cryothérapie, la surveillance devait s'intensifier, et il était nécessaire de me faire passer un examen du fond de l'œil sous anesthésie générale tous les trois jours. Mon quotidien est devenu celui-ci pendant quelques semaines. Traitement, infirmières, piqûres, médecins, bloc, masque, draps blancs, cadeaux, parents, opérations… Jusqu'à ce que l'enfant que j'étais n'y arrive tout simplement plus.

Ce n'était pas des caprices. Pas même de vraies demandes, que je n'aurais probablement pas su formuler. C'était trop, tout simplement. Beaucoup trop de douleur.

Le souvenir le plus vivace que je garde de ces moments est celui des draps blancs. Ils sont toujours les mêmes, quelle que soit la chambre d'hôpital. J'avais appris à faire le lien entre leur couleur éclatante et leur texture, ni trop rêche ni très douce. Ils étaient neutres.

Lorsque je remontais du bloc opératoire, il m'arrivait de poser la main sur mon lit et de m'endormir en touchant les draps avant même d'avoir pensé à rouvrir les yeux. Je savais alors que j'étais de retour dans ma chambre, que mes parents n'étaient pas loin et que j'aurais certainement droit à quelques heures sans médecins ni infirmières.

Le 23 mars 1993, on a annoncé à mes parents que leur enfant était libéré de ses trois petites tumeurs. C'est d'ailleurs davantage à eux que cet épisode appartient. À moi est revenue la lourde tâche de traverser cette épreuve et à eux d'affronter leur impuissance face à la terrible maladie de leur enfant.

Si j'avais le grand rôle dans ce premier acte de ma vie, c'est bien à eux que revenait la lourde charge de prendre les décisions et de faire les choix qu'ils estimaient les meilleurs pour mon avenir. Je n'avais qu'à me battre, ils avaient à décider ce que j'avais à y gagner.

Et c'est à eux que revient aujourd'hui, alors que j'ai l'âge qu'ils avaient lorsqu'ils ont vécu cette épreuve, la difficulté de se demander parfois s'ils ont fait les bons choix.

Mais à force d'amour, de soins, d'accompagnement, de protection, de plaisanteries et de ténacité, j'étais guéri. Et à bientôt deux ans, j'avais appris. Le chaud brûlait toujours, l'eau continuait à mouiller, les yeux devaient encore être surveillés mais les infirmières pouvaient ne pas piquer.

Maintenant, elles souriaient.

Je suis sorti de l'hôpital, armé d'une nouvelle paire de lunettes. Elles étaient rondes avec de gros verres épais, pour combler l'absence de cristallin dans mon œil droit. Ainsi, je pouvais distinguer quelques détails de mon environnement, dans un diamètre très réduit.

Le côté gauche de mon visage était quant à lui entièrement recouvert d'un pansement blanc. L'idée d'origine était que je puisse bénéficier d'une prothèse oculaire, comme cela se fait habituellement. Malheureusement, le matériel qui m'a été posé en première intention s'est révélé totalement inadapté, ce qui m'a conduit à perdre mes paupières et les muscles de mon œil gauche. Tel a été pour moi le prix de l'erreur humaine.

Nous habitions une petite maison dans l'Oise qui me paraissait gigantesque après avoir grandi dans les chambres d'hôpital. J'étais heureux d'avoir ma propre chambre.

Elle était décorée avec de jolies couleurs, et j'avais même mes étagères sur lesquelles se confondaient vêtements et peluches.

De loin, je voyais tout à plat, comme sur ces dessins d'enfants qui tapissaient les murs des services de pédiatrie. Il me fallait beaucoup m'approcher pour que d'autres détails apparaissent, et que les taches de couleurs se transforment en objets. Mais il me fallait encore toucher pour me rendre compte de ce à quoi j'avais affaire. Et l'objet que je reconnaissais le mieux était mon ours en peluche, avec sa fourrure fauve et douce, et son ruban orange autour du cou.

Mais c'est la nuit que la solitude devenait oppressante. Parfois, dans mes rêves, je me croyais face au grand méchant loup des histoires que me racontait ma mère, et je me trouvais incapable de fuir. Alors une fois dans son estomac, le monde bourdonnait comme dans les machines à IRM où je n'avais pas le droit de bouger, et quelque chose me piquait sur tout le corps comme dans la pièce à rayons.

J'entendais une agitation familière, une sorte de bruit de fond d'adultes qui discutent, de machines qui ronronnent, de bips et de sonneries, jusqu'à ce que je me réveille étendu sur la moquette de ma chambre.

Ces quelques nuits étaient, pour ainsi dire, les seules zones d'ombre de ma vie où le ciel se dégageait petit à petit. À l'approche de mes quatre ans, je commençai à nouer connaissance avec le reste de ma famille, notamment du côté maternel dont je suis resté très proche.

« Non, Salim, c'est ma voiture. Je la touche, toi tu regardes juste », m'avait dit un jour l'un de mes cousins alors que je saisissais l'une de ses voitures. « Si tu dis à Salim de ne pas toucher, c'est comme si je te disais de ne pas regarder », avait expliqué ma mère. Mon cousin s'était alors ravisé, et m'avait de lui-même guidé pour présenter à mes doigts les moindres détails du jouet.

Il en est allé ainsi dans ma famille aussi loin que je me souvienne. Rien auprès d'eux ne pouvait me priver du bonheur d'être un enfant comme les autres. Mes parents y veillaient et se complétaient parfaitement. Ma mère estimait que j'avais assez donné de ma personne dans une précoce bataille pour la survie, et faisait de son mieux pour me voir heureux et souriant, tandis que mon père, en complice de jeu, cherchait à me sortir de mes zones de confort, me préparant au mieux à la vie difficile qui m'attendait.

Il lui paraissait essentiel que je vive, fasse du sport, ose essayer de nouvelles choses et apprenne de mes erreurs, ce que je vois aujourd'hui comme une chance sur laquelle j'ai fini par me construire. Cette double façon d'aborder ma différence a été le plus beau cadeau que m'ont fait mes parents.

Grâce à eux, grâce à ma famille, ma forteresse intérieure ne m'a pas empêché de me lier avec les autres et le monde.

En banlieue parisienne, où nous venions de déménager, j'ai intégré l'école maternelle pour enfants malvoyants Paul-Doumer, à Cachan. Là-bas, on ne me demandait plus aussi souvent si je voyais ou non ce qui était écrit sur des feuilles de papier, ou si je voyais de tout petits dessins. J'avais même le droit de toucher tout ce qui composait mon environnement.

Au-dessus de mon portemanteau dans le couloir, on avait planté trois clous : « Comme ton âge », m'avait expliqué la maîtresse. Si le couloir était allumé, je les voyais en me rapprochant et j'accrochais fièrement mon blouson au petit crochet voisin de ceux de mes camarades. Et quand il était éteint, je passais mes mains de droite à gauche pour trouver la bonne rangée.

Nous étions une classe peu nombreuse formée d'une petite dizaine d'élèves. Nous avions tous en commun de faire appel à nos autres sens, chacun d'entre nous étant touché d'une manière ou d'une autre par un problème de vue. Dans le lot, j'étais l'un des moins atteints, ce qui m'a rapidement fait passer du statut d'aidé à celui d'aidant pour mes camarades totalement aveugles.

Tout était fait pour que nous apprenions sereinement et que nous puissions essayer de nouvelles choses.

Un jour, Claire, l'institutrice, nous a fait passer une feuille de papier sur laquelle était collée une petite étoile en papier de verre. « Et maintenant, je voudrais que vous me disiez comment est cette étoile. »

Faisant écho à une question similaire que l'on me posait souvent dans ma précédente école, je me suis empressé de répondre :

– Elle est grise !

– Très bien, Salim. Et quoi d'autre ?

Persuadé que les adultes voulaient que je leur parle de la couleur et de la forme de ce dessin, je n'avais anticipé aucune autre réponse. Je me suis tourné vers les autres qui ont pris la parole :

— Elle est rugueuse.

— Elle est plus grande que ma main.

— C'est très bien, les filles !

J'ai senti à ce moment-là monter en moi une bouffée de tristesse. Claire l'a compris et est venue m'expliquer :

— Tu sais, Salim, tu n'avais pas plus raison ou plus tort que les filles. Cette étoile est grise, en même temps qu'elle est rugueuse, qu'elle est au milieu de la feuille ou qu'elle a cinq branches. D'accord ?

J'ai alors hoché la tête, puis elle a ajouté :

— Ici, on apprend à regarder, mais aussi à toucher, à écouter et à sentir. Tu as le droit de toucher. Et comme tu es aussi très fort, je sais que tu aurais compris que l'étoile est rugueuse si tu l'avais touchée.

C'est donc dans les premières années de ma vie que j'ai dû apprendre une nouvelle perception du monde et que j'ai déposé mes impressions au cœur de ma forteresse intérieure, garante de ma force et de ma singularité. Je n'avais d'autre choix que de comprendre les choses autrement qu'en les regardant.

Chapitre II

Apprendre la différence

Il est 8 heures. C'est le moment de rejoindre le Parc des expositions. Ma garde rapprochée séjourne dans le même hôtel que moi et m'attend dans le hall d'entrée.

« Salut Salim. » Je reconnais la voix de Tiffany, celle qui m'accompagne comme monitrice et amie depuis plus de dix ans. Pas d'appréhension dans sa voix, juste la chaleur familière de son intonation.

Auprès d'elle se tiennent Élodie, la jeune cavalière qui s'est occupée à merveille de mon cheval pendant plusieurs mois, ainsi qu'un couple d'amis, Camille et Thomas. Ils sont à mes côtés depuis notre arrivée à Paris, il y a quelques jours. Ils sont tous, chacun à leur manière, un des rouages de cette machine qui nous conduira jusqu'à la performance de ce soir. Tiffany et moi savons pouvoir compter sur leur soutien autant que sur leur efficacité, et c'est pour moi un grand réconfort que de réaliser combien ils croient en notre succès.

L'impérieuse horloge nous commande pour l'heure de ne pas traîner au petit déjeuner de l'hôtel, ce que nous rattraperons certainement au Hall des expositions. Alors au même rythme que les grooms des cavaliers internationaux et que l'équipe technique, nous vidons rapidement les lieux en direction du minibus qui nous attend dehors.

La porte coulisse et nous abrite du froid de décembre, alors que nous prenons la route vers ce monde devenu le mien. C'est drôle de constater combien chacun reste silencieux. Je ne saurais dire vers quoi mon équipe s'évade en cet instant, mais je sais avec certitude qu'ils sont, eux aussi, habités par cet objectif que nous préparons depuis des mois. Un objectif qui nous rassemble dans le travail pour la performance, bien au-delà de n'importe quelle différence.

*

Il faut être « un grand » pour parler de différence, et il m'a fallu du temps avant de pouvoir affirmer avec certitude que *j'étais* différent. Cet apprentissage a commencé à l'école primaire Paul-Doumer où on m'a fait entrer avec un an d'avance, de peur que je ne m'ennuie en grande section de maternelle.

L'une des questions qu'un aveugle entend le plus au cours de sa vie est : « C'est dur à apprendre, le braille ? » Difficile à dire. Je l'ai appris à l'âge où chacun découvre la lecture et l'écriture. Nous étions plusieurs mal et non-voyants dans cette classe de CP. Nous bénéficions de l'enseignement de Nathalie, une institutrice spécialisée, qui nous apprenait les rudiments de la lecture, de l'écriture et du calcul, en braille ou en caractère imprimé, en fonction de nos capacités et de nos besoins. Je lisais le braille, et j'adorais dessiner. Cela fait certainement partie des choses qui me manquent le plus depuis que j'ai totalement perdu la vue.

Cette structure nous proposait une prise en charge individualisée, dans le projet comme dans les moyens. Si une personne était totalement aveugle, peinait à se représenter fidèlement son corps dans l'espace et était dans le besoin d'apprendre des déplacements à l'extérieur ainsi que des gestes du quotidien, il était judicieux de lui proposer des séances d'« apprentissage à la vie journalière », des exercices réguliers avec un « instructeur en locomotion » et un « psychomotricien », mais il était inutile qu'il soit vu par un « orthoptiste ». À l'inverse, si l'enfant était malvoyant, il lui fallait pouvoir utiliser pleinement ses facultés au quotidien. Il avait donc souvent recours aux services de l'orthoptiste, de l'instructeur en locomotion, de l'ergothérapeute et parfois du psychomotricien. Il semblait que dans mon cas, cette dernière prise en charge n'était pas nécessaire. J'avais pleinement conscience de mon environnement et de mes mouvements. Je me contentais donc de voir, par tranche d'une heure, l'orthoptiste, l'instructrice en locomotion et l'ergothérapeute, ce qui s'est malgré tout révélé aussi utile que prenant.

J'ai pourtant mis du temps à réaliser tout ce qui me séparait des autres, ceux qui voyaient et écrivaient au stylo. Il y avait bien sûr toutes leurs questions :

« C'est comment de lire avec ses doigts ? Ça fait mal d'être aveugle ? Et là, j'ai combien de doigts ? Mais si tu as des lunettes, c'est que tu arrives à voir non ? Alors pourquoi tu es avec les aveugles ? »

Il y avait un million de choses à expliquer, des choses que je découvrais moi-même. Chaque enfant avait sa façon de me poser des questions, mais d'une manière ou d'une autre, ils finissaient toujours par formuler ce qu'ils avaient à l'esprit. Et en dehors des thérapeutes ou professionnels que je côtoyais, aucun adulte ne savait faire preuve de la même aisance.

« Arrête de l'embêter », les reprenaient parfois leurs parents, pourtant bien loin du compte.

Mais quelles que soient les stratégies mises en place pour nous aider à nous débrouiller, il n'y avait aucun apprentissage aussi efficace que de faire nous-même l'expérience de nous mêler aux autres, ce qui arrivait trois ou quatre fois par jour entre le réfectoire et la cour de récréation. Là, les plus grands devenaient nos modèles, qu'ils aient ou non l'usage de leurs yeux. Nous aimions les imiter et nous joindre à leurs jeux, même s'il fallait courir, sauter ou nous cacher. Il était fréquent de voir fuser d'un bout à l'autre de la cour d'étranges binômes ne comptant que deux yeux fonctionnels sur quatre pour fuir ou pourchasser. Parfois, certains tentaient l'épreuve de la corde à sauter, à laquelle je me révélais très peu talentueux. Mais le jeu qui remportait tous nos suffrages était au fond de nos poches. Plutôt que de nous échanger des cartes Pokémon ou de jouer aux billes, nous dégainions nos petits dictaphones et inventions toutes sortes de jeux, avec la permission des instituteurs et sous le regard envieux des autres enfants. Alors parfois, l'un d'entre eux se joignait à nous, échangeant lui aussi quelques cassettes contre des rires francs et sincères, et il oubliait aussitôt la barrière de la différence.

En plus des cours de musique que nous donnait toujours Hélène, un des rendez-vous que j'attendais le plus chaque semaine était le cours de sport avec Catherine. Elle travaillait avec bien des classes différentes, côtoyait divers profils d'élèves, plus ou moins à l'aise avec leurs capacités visuelles, mais elle trouvait dans tous les cas des manières de contourner la difficulté, et ne faisait le choix de remplacer l'exercice que dans de rares circonstances. L'abandon n'était jamais une option. Et que nous le voulions ou non, cette philosophie, peu à peu, transparaissait dans tout le reste de notre quotidien, jusqu'à devenir pour moi un véritable état d'esprit. Je ne me sentais ni particulièrement combatif, ni spécialement courageux, mais j'avais en permanence un monde vaste et infini qui s'étendait devant moi, et dans le cœur une indicible envie de le découvrir. Et qu'importait la petite lucarne que m'offrait mon champ visuel minuscule, il était pour moi loin d'être une fatalité, et se complétait à merveille de mes quatre autres sens.

Dès l'année suivante, nous avions la chance d'être dans des « classes mixtes ». Il s'agissait, à partir d'un niveau n'exigeant plus une attention exclusive sur le braille, de réunir des élèves en situation de handicap visuel et un petit groupe d'élèves n'ayant besoin d'aucun enseignement particulier, le tout sous la tutelle d'une institutrice spécialisée. Avec le recul, ça a été une très belle occasion de poser aux plus grands des questions que nous ne nous sentions pas le courage de soumettre aux adultes, et de nouer des amitiés solides et durables, sans pour autant nous enfermer dans un « entre-soi » que je juge toxique dans le milieu de la différence. N'est-il pas confortable, lorsqu'on n'est définitivement pas comme les autres, de rester confrontés seulement et uniquement à ceux qui nous ressemblent ? Ne serait-il pas tentant de prolonger le plus longtemps possible cette dépendance à un milieu protecteur et encadrant pour ne jamais briser ce cocon duveteux ? Pour les jeunes que nous étions, la réponse était pourtant non. Grâce à l'enseignement coordonné des plus grands, leurs diverses mises au défi et leurs jeux, nous avons vite compris que quitter notre zone de confort revenait, à terme, à en agrandir la superficie, ce qui signifiait plus d'autonomie. Il ne s'agissait pas de s'interroger sur la raison pour laquelle il fallait ou non s'attaquer à une difficulté, mais bien de rechercher, inlassablement, le meilleur moyen d'y arriver.

Nous atteignions généralement un total de dix élèves, ce qui s'avérait idéal pour prendre le temps nécessaire face aux quelques imprévus que réservaient nos particularités. Ainsi, dès le CE2 et jusqu'au CM2, nous étions deux jeunes malvoyants à rejoindre une de ces classes mixtes et à nous fondre dans cette petite masse. Les grattements des stylos côtoyaient les martèlements des Perkins, machines à écrire le braille sur d'épaisses feuilles cartonnées. Pour la géométrie, nous utilisions un tapis en caoutchouc sur lequel nous posions une feuille plastifiée qui nous offrait un dessin en relief sous la mine de nos stylos à bille, guidés par nos outils de géométrie gradués en relief également. Dans les casiers sous nos tables se cachait aussi un cubarithme, outil destiné à poser en braille les opérations, avant d'en graver le résultat dans le carton. Pour souligner un mot demandé par une quelconque consigne, nous collions une gommette sur l'espace qui le précédait et parvenions ainsi à répondre aux mêmes exigences que nos camarades. La principale différence résidait dans le poids de nos sacs. Une fine feuille de papier ordinaire en caractère imprimé équivaut à trois feuilles en épais papier cartonné braille. Ainsi par exemple, le premier tome des aventures du célèbre Harry Potter représentait, après transcription, neuf volumes de l'épaisseur d'un demi-dictionnaire chacun. Autant dire que le format poche représentait pour nous le plus doux et le plus inaccessible des rêves littéraires. Mais pour autant, allions-nous nous priver de lire ?

Chapitre III

Survivre

Huit heures et demie. Parc des expositions de Paris Nord. Nous sommes arrivés. L'accent américain de Jane ainsi que le sourire de Nadège, sa collègue responsable de la communication de l'événement, nous accueillent avec bienveillance. Un peu plus loin, Laureen, la chargée d'organisation, et Christophe Ameeuw, l'inventeur de cette compétition, nous saluent à leur tour. Présents depuis le jour où nous avons décidé de nous lancer, ils ne manquent pas d'avoir un petit mot aimable au détour de nos allées et venues, ce qui me fait le plus grand bien à cet instant.

Ce n'est pas la première fois que nous allons sauter ici. Nous avons déjà enchaîné deux parcours, jeudi et vendredi, pour être au point et prendre nos repères sur cette célèbre piste. Ce soir, ce sera la vraie démonstration. Elle se déroulera sur le même tracé que l'épreuve internationale qui suivra, sur des niveaux de hauteur de 1,05 m au lieu des immenses obstacles de 1,50 m. Je vais donc suivre le même parcours que les cavaliers du niveau 5 étoiles, autrement dit les plus grands cavaliers internationaux. Tous ces noms que j'associais dans mon enfance à de véritables héros capables de performances incroyables, comme s'il s'était agi de versions réelles de ces personnages aux tenues colorées dont j'aimais garnir les étagères de ma chambre. Indéniablement, le destin me donne aujourd'hui ma chance.

*

Comme tous les petits garçons du monde, j'aimais les super-héros. Je rêvais aux aventures de mes personnages préférés, que je tenais entre mes mains, ou lorsque je complétais les niveaux de difficultés sur ma première console de jeux, le nez à quelques centimètres de l'écran pour en percevoir les détails. Au meilleur de ma vue, je pouvais lire certaines lignes de dialogues entre les personnages ou les instructions à suivre.

Même sous la forme du jeu, je ne poursuivais qu'un but appris très jeune : survivre. J'étais l'architecte de ma propre forteresse de solitude, à l'abri de laquelle j'aimais me réfugier et dans laquelle j'allais devoir encore trouver du réconfort suite à l'annonce qu'on m'a faite un soir après l'école. Mes parents se séparaient. Notre quotidien à trois allait s'évanouir en un claquement de doigts. Et comme j'avais su accepter mes nouvelles réalités et contraintes physiques, je me suis adapté et efforcé de rester, aux yeux de mes camarades de classe et institutrices, celui que j'étais en temps normal. Aussi seul que j'avais pu l'être depuis mon lit d'hôpital, devant les machines d'imagerie à rayons, devant les épiques combats de Spider-Man, Daredevil et mes autres héros aux couleurs vives qui faisaient triompher la justice, et là encore dans l'éclatement de ma famille, j'ai réagi en faisant ce que je savais faire le mieux : me battre.

La séparation s'est ajoutée aux autres épreuves de mon existence. Je n'étais pas privé de moments de complicité avec mon père, mais c'est avec ma mère que je vivais et elle m'a accompagné sur ce chemin en véritable chef d'orchestre. Lors d'une hasardeuse sortie cinéma dans un célèbre centre commercial parisien, j'ai eu le bonheur de me voir offrir l'une de mes nouvelles échappatoires des années à venir, un magnifique piano blanc. Attiré par les quelques notes des curieux de passage, je m'étais alors installé au clavier de l'un des instruments pour me perdre dans une improvisation comme j'aimais en faire à la première occasion. Face à cela, le vendeur avait présenté à ma mère, semble-t-il, une offre qu'elle ne pouvait pas refuser. Je ne compte pas les heures passées depuis à reproduire à l'oreille les mélodies qui retenaient mon intérêt et que j'aimais restituer à ma mère dans le salon de notre petit deux-pièces. Elle ne s'est jamais effrayée des défis que je lui présentais, des simples devoirs en braille, géométrie relief ou cubarithme, aux régulières interventions chirurgicales sous anesthésie générale destinées à me rendre une apparence acceptable. Pour affronter ces difficiles épreuves physiques et psychiques, je m'accrochais à un espoir : ressortir plus beau – ou moins étrange – que je ne l'étais en entrant. Il n'y avait en effet plus d'œil derrière le verre gauche de mon épaisse paire de lunettes. C'était le « petit œil », comme nous l'appelions avec ma mère. Dans les faits, c'était surtout une cavité de chaire reconstruite par la talentueuse Darina Krastinova et son équipe de chirurgiens. Elle a été la véritable artiste de mon visage. C'était un long travail semé d'embûches au bout duquel je devrais sortir avec une belle prothèse, rendant un jumeau fictif à mon œil droit esseulé. De la cavité destinée à l'accueillir, aux paupières, cils et reliefs, le Dr Krastinova avait un plan bien précis. Elle redoublait toujours d'ingéniosité pour choisir les zones où prélever de la peau, sans négliger la discrétion de la cicatrice qui en résulterait. De nombreuses opérations ont été nécessaires, mais se sont parfois avérées difficiles.

Un jour, j'ai eu la surprise au réveil d'avoir, en plus du bandage habituel autour de ma tête pour éviter l'œdème, une excroissance de tissus qui couvrait entièrement mon oreille gauche. Je n'avais pas compris qu'on avait donné l'autorisation de me prélever un peu de peau derrière l'oreille, et j'ai alors très mal vécu cette expérience. Les quelques jours où j'ai dû abandonner partiellement ma perception des reliefs et profondeurs acoustiques par l'obstruction de mon côté gauche sont gravés en moi, aujourd'hui encore, comme l'un des plus désagréables moments de ma vie. Une autre fois, je me suis réveillé sans plus avoir la moindre sensation tactile du côté gauche du front, au-dessus de mon œil en reconstruction. Alors comme souvent, à force de me protéger du monde extérieur, j'ai fini par accepter cet état de fait. Je n'appréhendais que deux choses : le masque, ou ballon, dans lequel je devais respirer pour m'endormir et qui me donnait l'horrible sensation de suffoquer, et la prémédication, ou sédation légère destinée à me détendre avant l'opération et au cours de laquelle je luttais pour repousser cette perte de contrôle. J'étais un des rares enfants à préférer l'anesthésie directement par intraveineuse, et à demander ensuite à avoir la perfusion au pli du coude et non à la main pour en garder l'usage. Mais pour le reste, de la muqueuse prise à l'intérieur de ma joue, de la peau de mon oreille, mon ventre ou même mon crâne, des implants de sourcils reconvertis en cils de fortune, jusqu'aux échantillons de graisse abdominale pour redonner du volume à ce quart nord-ouest de mon visage, je l'acceptai sans doute ni crainte véritable. Ainsi, quand le terrain y a été propice, un mois et un jour après mon dixième anniversaire, nous sommes ressortis de chez le prothésiste avec trois paires d'yeux, et plus de pansement ou de cache sous mon verre gauche. Avec la fierté d'un gamin le lendemain de Noël, impatient de partager avec les autres les trésors amassés sous le sapin, je pouvais enfin montrer à tous, à mon retour en classe, ce bel œil tout neuf que j'avais gagné.

Les périodes de convalescences indiquées par les médecins étaient scrupuleusement respectées, en s'arrangeant la plupart du temps pour que tout cela tombe pendant les vacances ou sorties scolaires. Je n'étais ainsi jamais en retard sur mes camarades. Pour se reposer plus longuement, nous allions parfois rejoindre ma famille maternelle au Maroc à l'occasion de joyeuses retrouvailles entre cousins, cousines, oncles et tantes, à l'invitation permanente de grands-parents aimants et attentifs.

Mes parents ont rigoureusement veillé sur ma scolarité. « Tu devras toujours travailler deux, trois ou quatre fois plus que les autres pour un même résultat, me disaient-ils souvent, mais en fin de compte, tu seras encore plus fier d'avoir réussi. » J'accueillais ces prédictions sans vraiment de surprise. En somme, elles n'étaient que la formulation de ce que j'avais pu expérimenter dans la maladie, le sport ou le travail scolaire.

En grandissant, j'ai rapidement développé une insatiable soif d'apprendre, qui allait de pair avec une certaine forme d'impatience. Il m'arrivait parfois d'envier ces autres enfants qui n'avaient pas mon lourd passé. Je jalousais leurs nuits que j'imaginais longues et calmes. Souvent, je me demandais si telle ou telle chose m'aurait autant plu ou intéressé si le sort m'avait laissé ce cinquième sens intact, et aussitôt l'évidence se faisait : la première chose qui aurait manqué aurait été ma combativité.

Je me percevais comme un soldat de l'enfance, qui, petit à petit, se voyait doté d'un équipement toujours plus avancé pour faire face à son quotidien. Lorsque l'équipe de l'institut a décidé que j'étais apte, j'ai pu bénéficier de ma première canne blanche, qui s'avérait un appui précieux pour me décharger de l'effort visuel dû à mon tout petit champ de vision. De la même manière, lorsque j'ai été en mesure de lire l'heure, mes parents m'ont offert ma toute première montre tactile. C'était la grande mode à l'époque. Chacun des malvoyants qui m'entourait avait ce petit kit personnel, sans évidemment oublier le dictaphone qui nous servait autant à noter nos numéros de téléphone fixes respectifs qu'à enregistrer discrètement l'alarme incendie lors des exercices d'évacuation, ou à nous échanger au détour des couloirs les petites cassettes sur lesquelles nous improvisions nos propres émissions de radio. Mais le comble de la technologie était pour nous le bloc-notes braille. Certes, il n'avait qu'une très petite mémoire interne, une gestion des fichiers sans dossiers, une limite à huit lettres des noms de documents, une calculatrice basique, un système d'exploitation sous DOS, et il n'y avait que peu de modèles d'imprimantes ouvertes à la compatibilité avec ces engins. Mais c'en était fini du vacarme des Perkins à chaque minute.

Nous tapions désormais sur des touches type clavier ordinaire, et produisions un « tap » feutré du meilleur effet. Et comble du luxe, nous rendions enfin, comme les autres élèves de la classe, des copies imprimées que chacun pouvait lire.

Nous avions aussi le privilège d'accéder à la salle informatique pour nous familiariser avec les ordinateurs. Nous saisissions d'interminables suites de lettres, mots ou phrases n'ayant pour intérêt que de mécaniser au mieux nos doigts sur le clavier AZERTY. Mais j'y ai pris un intérêt dès lors qu'il a été question de correspondre avec mes amis sur MSN, et je m'amusais parfois à taper des phrases de mon cru pour les écouter sous la prononciation synthétique du lecteur d'écran de l'époque. Cette voix désincarnée et métallique n'avait rien de commun avec celles de nos ordinateurs et smartphones actuels.

Au collège, l'enseignement mixte a fait place à « l'intégration scolaire », ce qui signifiait que les enseignants auxquels nous avions affaire ne disposaient d'aucune formation spécialisée. Nous enchaînions les cours avec les autres, mais poussions régulièrement la porte de la salle numéro 9 où se trouvait un instituteur spécialisé de l'Éducation nationale assurant le fonctionnement d'une cellule de transcription. C'était un homme difficile, exigeant, et parfois injuste. Quels que soient les efforts fournis, qu'importent la manière, la quantité ou la nature du travail que je fournissais, ce n'était jamais assez.

Avec le temps, je peinais de plus en plus à m'adapter ; j'étudiais pourtant avec avidité. La musique de Mme Dubois, les mathématiques de Mme Guillonet, l'anglais de M. Berthault, et d'autres avec eux me passionnaient des heures durant, tant et si bien que je me suis vite trouvé sans aucune activité sportive. Il m'a fallu du temps pour l'accepter, et mon isolement m'a pesé. J'ai grossi et je n'aimais pas être regardé.

Le travail ne me suffisait plus. Je commençais à suffoquer, cherchant désespérément une respiration. J'en attendais trop de moi-même et quelque chose me manquait. Je ne tarderais pas à comprendre de quoi il s'agissait.

Chapitre IV

Un nouveau monde

Notre premier réflexe, après avoir salué toute l'équipe, est d'aller droit aux écuries. Je vais voir mon cheval, changer son eau, m'assurer que la nuit a été bonne, qu'il s'est bien nourri ; en somme, qu'il va bien.

Loin de la musique ambiante et du murmure de la foule, les écuries sont plongées dans un calme apaisant. Lorsque je pousse la porte de son box, Rapsody me salue d'un délicat frôlement du nez avant de retourner s'intéresser à son foin.

Comme toujours, le sortilège opère. Je ne pense plus à rien d'autre qu'à nous et à ce qui nous attend. Me laissant aller à mes habituels compliments, j'entreprends une petite séance de massages et d'étirements, tant pour lui changer les idées que pour m'assurer qu'il est en bonne forme. À cet instant, je lui envie son calme imperturbable. Sans pouvoir mettre de mots sur ses pensées, je sais qu'il a compris combien je lui fais confiance, bien que je peine encore à réaliser que nous sommes à quelques heures de l'un des plus grands défis de ma vie sportive.

— On va y arriver, champion.

*

Contrairement à bien des cavaliers, je ne suis pour ainsi dire pas né dans le monde des chevaux, ce qui ne les a en rien empêchés de tenir une place de choix dans ma vie. Avant la séparation de mes parents, ma mère travaillait au service des réservations de groupe du parc d'attractions Disneyland Paris, ce qui nous donnait un accès illimité à ce dernier. Immergez un « héros » dans un milieu fantastique comme celui-là et il se sentira exceptionnel pour de bon. J'aimais passer chaque fois d'un monde de merveilles à un autre, lever un coin du voile des coulisses de cette formidable mécanique et finir par m'y sentir chez moi. Mais par-dessus tout, c'est à Disney que j'ai pour la première fois fait connaissance avec les chevaux.

Ma mère et moi étions pour quelques jours en location dans un des bungalows du parc, et alternions attractions mouvementées et balades plus reposantes. Non loin de notre petit ranch, alors que nous visitions les lieux, nous sommes tombés sur l'écurie où il était possible de faire de petites balades dans ce décor tranquille. Le temps avait la douceur du printemps, et je me souviens parfaitement de l'odeur de l'herbe fraîchement coupée, du parfum plus entêtant du foin, de la paille fraîche, et des quelques chevaux qui vivaient ici.

– Tu veux voir les chevaux ?, m'avait demandé ma mère.

Devant mon hochement de tête silencieux, sa main avait guidé la mienne vers les petites portes de stabulation. De temps à autre, je sursautais sous le souffle chaud d'un gros nez curieux venu me renifler, et je me contentais de le regarder avec effort. Au fond du couloir qui comptait les quelques petits box se trouvait une selle posée sur un support en bois, et comme pour le reste, je m'efforçais de la découvrir le plus précisément que je le pouvais. J'étais si concentré à m'émerveiller sur tout ce que je vivais en à peine une minute que je n'avais pas compris qu'un homme discutait avec ma mère, lui proposant de me faire faire une balade à poney. Et ainsi, suite au hasard le plus total, je m'étais retrouvé enfourchant un de ces animaux si beaux, doux et calmes que je n'avais osé caresser un peu plus tôt. Les souvenirs précis de mon enfance me manquent, mais j'avais beau n'être encore qu'un tout petit garçon, je me souviens avec précision du sentiment de bonheur que ce court moment m'a apporté.

C'est d'ailleurs chez Disney que ma mère avait rencontré celui avec lequel nous allions désormais vivre : Didier. Ils travaillaient à présent tous deux pour une des filiales du Club Med, et comme notre minuscule appartement du Plessis-Trévise ne comptait qu'une seule chambre, la mienne, et que les deux seuls autres couchages disponibles étaient des chauffeuses posées à même le sol du salon, il a rapidement été question de déménager pour une véritable maison. Celle-ci était bien plus grande, comptait même un étage, une chambre de trop qui deviendrait ma salle de jeu, un grand salon, un patio et, comble du bonheur, un jardin.

Désormais au collège, mes camarades et moi avions droit à quelques séjours plus ou moins longs qui avaient l'avantage de couper véritablement d'avec le quotidien. Ils avaient des allures de vacances, et nous ouvraient à bien des activités qui ne nous auraient jamais effleurés l'esprit en temps normal. L'escalade, le char à voile, le catamaran, le vélo, le patin à glace, tout cela nous était rendu accessible simplement. Il suffisait d'essayer, d'oser se lancer, et il n'y avait aucune raison d'échouer. Ceux qui avaient besoin d'aide la demandaient, et tout se passait le plus naturellement du monde. C'est lors de l'un de ces séjours que je me suis trouvé inscrit pour une journée d'initiation à l'équitation. Il n'était pas question de balade tenu en main par quelqu'un au sol, mais véritablement d'une prise de contact avec le fait de monter un cheval, ou poney, en toute autonomie.

Il fallait que je saisisse cette chance. En arrivant, j'éprouvai la sensation d'avoir manqué quelque chose en constatant que ceux qui montaient régulièrement étaient totalement familiers de cet univers. Je devais admettre que je ne l'étais pas. Je n'avais que onze ans, mais je ressentais déjà l'amertume du temps perdu.

Nous avons été pris en charge par des jeunes cavalières volontaires de cette écurie. La jeune fille qui m'a accompagné, manifestement très passionnée, ne s'interrompit plus dès lors qu'elle commença à me parler de concours, de saut, de copains et de son cheval préféré si photogénique. Il paraissait évident que la passion enfonçait violemment les barrières de la différence, et je me sentais déjà plus accepté en dix minutes autour des chevaux qu'en quelques mois au sein de ma classe de collège. Avec son aide, j'ai fait connaissance avec ma monture du jour, un brave poney de club à la docilité inébranlable. Je pouvais enfin prendre mon temps pour m'en occuper. J'ai alors passé et repassé mes mains sur le poil chaud, mémorisé les moindres détails que je captais sous mes mains, comme pour vérifier que ma vue brouillonne avait su m'en donner un fidèle aperçu. Je brossais, curais les pieds, époussetais la tête, démêlais les crins et m'autorisait à rêver un peu plus fort que d'habitude. Je me voyais par instants propulsé dans un quotidien de chevaux, je retenais la moindre leçon de mon accompagnatrice passionnée comme un trésor d'une importance capitale.

Puis nous nous sommes rendus au manège, nos compagnons du jour impeccablement préparés et prêts à travailler. Au milieu du terrain couvert, une monitrice recueillait quelques informations sur nos diverses capacités visuelles, ainsi que des conseils des éducateurs pour faire passer au mieux l'information. Après cela et sur ses instructions, nous avons occupé le contour du terrain, que nous avons d'ailleurs appris à nommer « la piste », en serrant les jambes pour avancer et écartant l'une ou l'autre main pour changer de direction. Nous avions beau être en groupe, je m'imprégnais intensément du binôme qu'il m'était donné de former pour une fois, et mes quelques rêves reprenaient le pas sur une réalité moins séduisante. C'était tout juste comme si l'enfant de quatre ans que j'avais été me tirait par la manche pour m'insuffler une belle dose d'espoir. Ainsi je reproduisais les consignes de la monitrice, telles que toucher les oreilles du poney, ou mettre mes mains sur ma propre tête, et je le faisais avec un sourire qui ne cachait rien de mon bonheur. Lorsque notre aisance à tous a été jugée suffisante par notre monitrice du jour, nous avons évolué avec plus d'autonomie sans qu'il ne soit plus question de nous suivre les uns les autres, ayant même le droit de prendre le trot avec la confirmation que la voie était bien libre. Enfin, nous avons terminé cette session par une partie d'épervier où, tour à tour, nous avons aussi bien été chasseurs que chassés.

C'est la gorge nouée que je suis finalement remonté dans notre véhicule pour repartir. Je venais de vivre l'un des moments les plus intenses que j'avais pu connaître jusque-là, et une petite voix tenace murmurait à mon esprit qu'il y avait peu de chances que je puisse recommencer. Avec un peu plus de mal que d'habitude, je gardais pour ma petite forteresse tout ce que je ressentais alors, masquant mon trouble sous une façade de silence. Mais la digue fragile n'a pas résisté à la question anodine de ma mère en rentrant ce soir-là.

— Alors, ça t'a plu le cheval ?

Mon cœur est remonté dans ma gorge. Décidément, les adultes n'étaient jamais en phase avec les moments où je souhaitais me confier, et ceux où je voulais rester silencieux. Je n'avais que peu de notions d'argent, mais une année d'équitation était dans mon esprit bien au-delà de la portée de notre famille. Je me suis donc contenté d'un hochement de tête, croyant à tort que nous en resterions là.

– Alors ? Raconte-moi un peu !

Des mots. Il était question de mettre de simples, de vulgaires mots sur ces milliers de sensations que j'avais vécues auprès des chevaux, de ces jeunes passionnés et de la monitrice. Je fouillai dans ces quelques heures pour trouver par où commencer sans me satisfaire d'aucun terme. Jusqu'à ce que la lumière se fasse. Si j'avais quelque chose à dire à ce sujet, c'était bien ça :

– Tu te souviens de la fois où tu m'as demandé si je voulais faire quelque chose, reprendre le judo ou un autre sport en dehors de l'école ?

– Je m'en souviens, m'a-t-elle répondu.

– J'ai trouvé ce que je veux faire. Je veux monter à cheval.

La bombe était lâchée. N'ayant que trop de mal à lire sur un visage, je prêtai durant ces interminables secondes à ma mère des expressions incrédules, moqueuses ou dépitées. Je venais de lui avouer que moi, le bonhomme difforme et très malvoyant, je voulais pratiquer une activité traditionnellement basée sur l'usage de la vue. J'étais sur le point de bredouiller quelque chose pour revenir en arrière quand j'ai été cueilli par la plus inattendue des réponses :

– D'accord. Tu vas faire du cheval.

Dès lors que cette phrase a été prononcée, ma mère a su faire preuve de la détermination que je lui connaissais. C'était une bataille inhabituelle qui pour certains relevait d'une chimère impossible. La route a été longue pour qu'elle parvienne à convaincre notre entourage des avantages qu'il y aurait à me permettre d'accéder à l'équitation. De mon côté, je préférais me protéger en me disant que mon espoir était sans doute vain.

Un jour, ma mère est venue me voir dans ma chambre avec l'air de vouloir m'annoncer quelque chose. Elle a commencé par s'asseoir, ce qui ne présageait rien de simple.

– Je viens de rappeler le club où vous avez été l'autre jour, a-t-elle commencé. Je leur ai parlé de ton envie, ils savent très bien qui tu es et j'ai pu parler à la monitrice.

Elle a semblé chercher ses mots durant un silence qui bourdonnait lourdement à mes oreilles.

— Malheureusement ils disent qu'ils ne sont pas équipés ni formés pour t'accueillir, a-t-elle fini par soupirer. C'était juste pour une journée, ils ne peuvent rien faire de plus.

— Mais ils n'étaient pas particulièrement équipés pour cette journée non plus, lui ai-je répondu.

— Je sais, Salim. Ils ont peur, c'est tout. Ils ne connaissent pas, alors ils préfèrent la facilité.

La peur. Cette vieille amie dont je n'avais pas eu de nouvelles depuis un certain temps se présentait à nouveau à moi, de l'autre côté du prisme. Après tout, oui, j'avais de quoi faire peur. Mon visage pour commencer ne ressemblait pas à celui des acteurs qui passaient à la télé, et si les aveugles étaient légion, on trouverait du braille chez le marchand de journaux. Mais cette peur que j'inspirais choquait profondément quelque chose en moi. Quel avenir me serait permis si c'était elle qui gagnait à chaque étape ? Je n'avais d'ailleurs pas davantage besoin d'équipement particulier pour vivre chez moi que pour faire quantité de choses dans ma vie. Tout cela n'avait-il été qu'une mascarade ? Devais-je m'attendre à ne vivre que sur des chemins battus par d'autres avant moi, où on s'assurerait toujours que le terrain me serait bien praticable ? Ma vision ne s'arrangeant pas, j'avais déjà dû prendre mes distances avec les sports collectifs comme le foot ou le basket. De son côté, ma mère semblait tout aussi abattue par ce refus.

– Ça ne sera peut-être pas chez eux, a-t-elle fini par me dire, mais on trouvera, c'est promis.

Je savais qu'elle mettrait tout en œuvre pour rendre mon rêve possible. Mais cette période était très compliquée. J'avais le sentiment que personne en ce vaste monde n'avait de quoi comprendre ce que je vivais. J'ai vécu au même moment un autre bouleversement. Mon père, remarié depuis peu, m'annonça que j'allais être grand frère. Ma petite sœur Nora est née le 5 mai 2003 et je l'ai accueillie avec tout l'amour de mes onze ans.

Mon piano a été un fidèle compagnon. Depuis le jour où il avait élu domicile dans notre salon, je passais des heures les mains sur le clavier à décortiquer tous les trésors que j'y trouvais. Je jouais principalement à l'oreille des morceaux entendus chez les plus grands ou dans les films et publicités, et aimais faire plaisir à ma mère en jouant des chansons de Charles Aznavour. Et lorsque j'étais seul, je livrais sur le clavier tout le poids de mes songes dans de longues improvisations sans débuts ni fins, souvent mélancoliques, pleines de mélodie et d'expérimentations. Mon piano était le seul à ne pas espérer me faire aboutir à un changement ou un remerciement, il ne me jugeait pas sur mon poids, mon âge ou l'une ou l'autre de mes différences. Il se contentait de résonner directement en écho avec mon âme.

Ces années de collège ont aussi été celles où chacun commençait à soigner son apparence, son style, à se faire des amis, et je ne pouvais que ressentir cruellement l'écart qui se creusait avec les autres. Je piochais au hasard des affaires choisies par ma mère. Je ne savais même pas comment accommoder une tenue ou comment plaire. Ajoutez à cela une légère confusion des couleurs, et vous pourrez imaginer l'effet de mon apparence sur un groupe d'enfants tout juste entrés au collège. Je renonçai aux sorties après les cours, aux invitations des amis et aux béguins avec les filles. Alors qu'augmentait la différence, je me surprenais tantôt à envier les autres, tantôt à les redouter. Je me demandais souvent, dans les couloirs entre les cours, combien d'entre eux pourraient s'arrêter l'espace d'une vertigineuse seconde et réaliser la chance qu'ils avaient, avant de vaquer à nouveau à leurs obligations.

Alors que je grandissais, ma forteresse de solitude intérieure s'élargissait d'un bric-à-brac phénoménal de souvenirs entassés dans les moindres recoins. J'y puisais chaque jour la motivation de continuer, me voyant scientifique comme Peter Parker, avocat comme Matt Murdock ou capable de devenir ce que bon me semblait comme Jarod le Caméléon. Amoureux des virtuoses de la musique classique depuis tout jeune, je m'intéressai petit à petit aux sonorités de la musique plus contemporaine qui en découlait, comme le jazz ou le rock. Pour tromper l'ennui, j'ouvrais un fichier vierge dans mon bloc-notes braille et j'écrivais. J'ai inventé quantité d'histoires, d'aventures de Harry

Potter, Spider-Man et bien d'autres qui me donnaient l'illusion de créer un monde à moi seul, et de pouvoir m'y glisser à volonté. Peut-être arrivais-je ainsi à oublier le poids du regard des autres. Mon esprit n'était à peu près libre qu'au cours de ces longues séances d'écriture et de lecture qui ont vite fait de me conduire à nouveau sur la voie des chevaux. N'étant pas certain d'y accéder un jour moi-même, je lisais des heures durant les aventures de cette bande de jeunes de la série *En selle !*, et empruntais parfois des histoires de chevaliers disponibles à la bibliothèque braille dont nous disposions.

Ma passion naissante pour les chevaux s'est exprimée à nouveau lors d'un déjeuner chez Michel, frère d'une amie de mes parents.

– Ta mère m'a dit que tu aimais les chevaux. Si tu veux, je vais voir mon cheval cet après-midi. Tu veux venir avec moi pour que je te le présente ?

Une petite flamme s'est immédiatement allumée en moi. J'ai naturellement accepté, abandonnant bien volontiers les consoles de jeux, ballons de foot et copains présents sur place. En suivant Michel au centre équestre de Montfermeil, je m'attendais à voir des chevaux, caresser l'un d'entre eux. À le brosser, peut-être, et à observer Michel travailler d'une manière que je me contenterais d'admirer sans pouvoir la comprendre vraiment. Mais ses projets allaient au-delà de tous mes espoirs.

— Je te présente Constantin, m'a-t-il dit en ouvrant la porte de bois de l'un des box.

À la différence de mes poneys, Constantin était incroyablement grand pour moi à l'époque, ce qui contrastait avec la douceur avec laquelle j'ai été accueilli, d'un doux souffle dans la main et sur le visage. Je n'ai plus parlé dès cet instant, me contentant de reproduire sur les instructions de Michel les gestes que l'on m'avait déjà enseignés pour partie. L'aimable cheval faisait preuve de la plus grande indulgence, et me donnait de lui-même ses quatre pieds que j'aurais été bien incapable de soutenir par moi-même, comme il se déplaçait sous nos demandes pour nous permettre d'achever de le brosser complètement. C'est cependant Michel qui s'est chargé de seller son cheval à qui j'arrivais quelque part au tiers inférieur de l'épaule. Alors que je pensais laisser ces deux amis à leurs habitudes, Michel m'a mis dans les mains une des bombes du club.

– Elle va être un peu petite pour toi, non ?, lui ai-je alors demandé sans comprendre.

– Mais elle va être parfaite pour toi. Tu m'as bien dit que tu savais monter ? Alors montre-moi ça.

Je n'en croyais pas mes oreilles. Michel savait-il quel bonheur il faisait naître en moi à ce moment précis ? Là où une écurie tout entière ne s'estimait pas équipée pour me faire monter à cheval, il suffisait de la volonté d'une personne pour que je ne laisse pas mon désir s'évanouir dans mes souvenirs. Il n'a tenu qu'à une précaution, et m'a ainsi fait monter avec des étriers de sécurité dont la branche extérieure n'était fermée que par un simple élastique de bureau, de sorte que mon pied ne puisse y rester bloqué. J'ai ainsi touché du doigt toute l'ampleur de ce que pouvait signifier monter à cheval en ayant sous ma selle un véritable maître d'école, d'une technicité et d'une patience exemplaires. D'abord méfiant, Michel a fini par consentir à lâcher totalement les rênes pour m'apprendre à trotter assis, ce qui était autrement plus impressionnant aussi haut perché.

Si j'avais été triste de quitter les poneys la première fois, cette fois-là fut une véritable torture. Il aurait été injuste que je montre à Michel que je n'en avais pas eu assez, mais je crois qu'il a lu en moi comme dans un livre ouvert. En revenant, une mèche de la crinière de Constantin au fond de ma poche, je ne parvenais pas à penser à autre chose. J'ai vite fait le choix de m'isoler dans ma chambre pour laisser libre cours à mes larmes. Je n'étais pas triste, j'étais désespéré. Il n'y avait pas de mots pour dire cette fois encore tout ce que j'avais ressenti, et j'avais de plus la confirmation que c'était de l'ordre du possible. Aucune question n'avait été laissée sans réponse, et je soupçonnais Michel d'avoir déblayé le terrain avec mes parents avant de me faire sa proposition. Tout avait été abordé dans le sens du dialogue, de la confiance, de l'échange. Comme rarement, tout avait été simple, me prouvant encore une fois que ce qui complique trop souvent la situation sont les tergiversations engendrées par la différence. Je laissais s'effondrer une fois de plus la digue de mes émotions, le visage dans mon oreiller et des crins blancs serrés dans le poing. J'en voulais au monde qui m'avait servi une si dure main, je m'en voulais à moi-même d'être si compliqué, mais par-dessus tout j'en voulais terriblement à celles et ceux autour de moi qui laissaient la peur décider de mon sort. Cette peur qui persistait à se frayer un chemin dans mon quotidien. Une partie de moi y croyait cependant, ce qui n'atténuait en rien ma tristesse.

Alors que nous avions à nouveau déménagé au Plessis-Robinson, je commençai à me faire une raison, sans que cela ne serve les intérêts de mon poids ou de mon apaisement. Je me contentais de travailler à l'école, jouer du piano et écrire mes histoires. Peu de temps après notre arrivée, ma mère m'annonçait que nous attendions un heureux événement pour l'été 2004, ce qui m'a remis du baume au cœur. Je me nourrissais de la moindre nouveauté, du plus infime des éléments inhabituels pour combattre la monotonie de mes pensées.

Et enfin, un soir, ma mère est entrée dans ma chambre le téléphone à la main. Il n'y avait plus de frustration dans sa voix quand elle m'a annoncé :
— Je t'ai trouvé un club, ils veulent te rencontrer ce week-end.

– Un club de judo ?, lui ai-je demandé.
– D'équitation.
– Mais ils savent ?
– Oui, m'a-t-elle confirmé. Je leur ai bien dit que tu voyais très mal, mais que tu voulais apprendre, que tu avais déjà monté et que ça s'était très bien passé.

Pour la première fois depuis longtemps, je ressentais pleinement le bénéfice d'avoir espéré. J'étais tout à la fois impatient et anxieux, maintenant qu'il s'agissait de se confronter à l'inconnu. Le club en question était l'ACBB, à Boulogne-Billancourt. Nous avions une trentaine de minutes de route pour nous y rendre en voiture, et ce samedi-là le trajet m'a semblé durer une éternité. J'en venais même à me demander si j'avais eu raison de m'accrocher aussi fort à cet espoir. Peut-être nous avait-on mal compris, et s'attendait-on à quelque chose de moins contraignant ?

Un portail de fer forgé donnait sur la rue, derrière lequel s'étendait un long passage couvert d'où l'on avait une vue directe sur le manège à gauche, et où se trouvait la porte des bureaux sur la droite. Lors de cette première visite, je n'ai approché les chevaux que peu de temps. Nous répondions au rendez-vous donné par Stéphane Couladaise, dirigeant et enseignant au sein du club, qui nous a reçus dans l'un des bureaux. Si en une année de recherches infructueuses ma mère avait dû accumuler toutes les meilleures raisons du monde des clubs de ne pas m'accueillir, Stéphane a semblé dès le début parfaitement à l'aise avec ma situation. Ma mère répondait à toutes les questions qu'il lui posait, et devant son intérêt j'ai rapidement senti disparaître mon appréhension. J'étais à ses yeux un débutant comme les autres, ou presque. Enfin, il a présenté à ma mère ses conditions.

– On est en mars, il reste moins de quatre mois avant la fin de l'année scolaire. Je vous propose de prendre Salim en cours particulier une fois par semaine durant ce temps. J'entends que cela représentera un coût supplémentaire, mais il est important que tout le monde prenne ses repères. Si tout se passe bien, il rejoindra les autres au mois de septembre.

Pour mon plus grand bonheur, ma mère a accepté de suivre la proposition de Stéphane, et nous nous sommes quittés en nous donnant rendez-vous la semaine suivante. Tout simplement, cet homme venait d'ouvrir les portes de mon rêve. Je n'avais plus, en remontant dans la voiture, la moindre trace de ces sentiments obscurs avec lesquels j'étais venu. Je me sentais gagné par un souffle d'espoir, une sorte de secret de grande valeur qui me promettait un million de choses inconnues et où, par-dessus tout, la peur n'aurait plus force de loi.

Chapitre V

Ma première chute

Je suis rassuré de voir Rapsody aussi calme et confiant. Je peux me rendre à mes rendez-vous avec la presse. La matinée est consacrée à rencontrer les différents médias présents aujourd'hui. Nous faisons le point avec l'équipe de communication de l'événement et j'enchaîne les entretiens.

Aux questions que l'on me pose, sur ma pratique, mon handicap, le défi que nous nous sommes lancé, je me contente du strict minimum en déroulant les réponses que j'ai l'habitude de donner. Le *Facebook Live* avec France TV se passe sans anicroche, ainsi que l'une des interviews avec Stade 2 qui nous suit depuis notre préparation à Bayonne.

Je suis en pilote automatique et ne cherche pas à développer outre mesure.

Je suis pour ainsi dire si focalisé sur le parcours qui nous attend que je peine à savourer les quelques heures qui m'en séparent. Je n'ai rien d'autre à l'esprit que le but à atteindre.

En regagnant les écuries, j'échange un salut amical avec l'Italien Lorenzo De Luca et croise Romain Duguet qui passait dans le sens opposé. C'est toujours une émotion particulière d'évoluer parmi ces cavaliers d'exception et de mesurer le chemin que j'ai parcouru pour en arriver là.

De retour auprès de Rapsody, j'entreprends de le préparer pour une petite séance de travail afin qu'il ne reste pas statique toute la journée. Je pose tapis, amortisseur et selle, j'ajuste la sangle puis les guêtres avant de lui présenter le filet et d'enfiler mon propre casque. Les gestes sont toujours les mêmes, bien que les années aient passé depuis mes premiers tours de piste auprès de Surcouf, ma toute première monture de club.

*

Mon premier jour au club, le portail de fer s'est refermé derrière moi dans un grincement discret. Le talon de mes bottes de plastique résonnait sur la pierre, et mon sac de pansage pendait à mon épaule avec ma bombe de velours. J'avais un petit sourire idiot à l'idée que les super-héros, eux aussi, portent des bottes et une tenue près du corps.

J'ai rapidement connu ce chemin par cœur : d'abord, aller tout au bout des écuries pour récupérer les selle et filet de Surcouf, puis le rejoindre. Son box jouxtait celui d'un autre cheval, dont l'éclatante couleur blanche ne permettait aucune confusion. Il me reniflait la paume de la main, la tête dépassant du col-de-cygne de sa porte coulissante, puis se reculait lentement pour me permettre de le rejoindre. Je déposais tout le matériel contre le mur extérieur et je posais le pied sur la paille, m'avançant dans la chaleur rassurante que dégageait ce grand être. Je savais déjà que j'aimerais venir ici, mais je ne pouvais pas soupçonner tout le bonheur que m'apporterait le contact avec Surcouf. En quelques semaines, mon grand pote gris est devenu ma bouffée d'oxygène.

Depuis mon arrivée et jusqu'à l'été 2004, Stéphane avait tenu à me faire monter Surcouf à chaque leçon, ce qui était loin de me déplaire. Très expérimenté, il était dans sa dernière année de cheval de club et découvrirait l'année suivante les joies d'une retraite bien méritée. Il était d'ailleurs plutôt inhabituel qu'un garçon de douze ans débute sur une carrure aussi imposante sans passer par un enseignement à poney, mais l'ACBB disposait d'une cavalerie exclusivement composée de chevaux. Surcouf se prêtait au jeu de très bonne grâce en dépit de mes quelques maladresses de débutant, malvoyant de surcroît, sans jamais perdre le fil de ce qui se passait autour de lui. J'avais en permanence ce sentiment que je ne l'approchais que parce qu'il me le permettait. Il se laissait panser et manipuler sans le moindre problème, j'avais même le droit de poser moi-même la selle sur son dos sans qu'il remue une oreille. Lui mettre le filet, en revanche, était un privilège réservé à Stéphane. Lorsque j'ai tenté, une fois, de lui présenter le mors devant la bouche, il a veillé à rester hors de la portée de mes petits bras en levant la tête de quelques centimètres. Mais quand Stéphane est venu à mon secours, Surcouf s'est empressé cette fois d'aller lui-même chercher l'instrument en baissant le nez au sol, comme pour me donner une leçon de plus. La confiance s'acquiert avec le temps, elle ne s'impose pas.

Sentait-il le temps dont j'avais besoin pour apprivoiser toute cette nouveauté, moi qui n'osais pas galoper et qui rebondissais comme une balle de tennis une fois au trot ? Les félicitations de Stéphane étaient rares et mesurées, mais ses encouragements étaient sincères. J'avais, chevillée au corps, une irrépressible envie de progresser. En selle, je me sentais métamorphosé. Il n'y avait pas à dire, juste à ressentir. Ainsi, je pouvais prendre toute la mesure du cadeau que me faisait Surcouf.

Pour tous les autres, j'étais un cavalier. Peu abordaient le garçon taciturne qui allait et venait depuis peu dans les rangées de box, s'arrêtant çà et là pour caresser un cheval, mais la rumeur du jeune malvoyant en cours particulier attirait son petit lot de curieux qui observaient de temps à autre ces heures durant lesquelles mon rêve devenait réalité. Je n'avais pour ainsi dire pas besoin d'aide aux écuries. Tout allait de soi, des lettres à repérer autour du manège pour exécuter des figures de dressage aux numéros correspondant aux affaires de Surcouf dans la sellerie, en passant par les emplacements des tapis, guêtres et protections diverses jetées pêle-mêle au milieu des paniers de rangement. J'aimais cette idée de construire mes propres habitudes autour de mes seules capacités. J'avais toujours procédé de cette manière : j'étais mon meilleur allié dans le quotidien.

Pourtant, hors du club, ce quotidien se faisait de plus en plus pesant. La différence resserrait son emprise sur moi. Je faisais malgré moi, au collège et au sein de l'institut spécialisé, l'apprentissage de la force et de l'injustice. Un garçon avait décidé de profiter de la confiance que je lui faisais et de mon absence de méfiance pour m'agresser. Je tairai son nom afin que chacun avance, mais j'ai connu à cette période violence physique et pression psychologique. De plus, je n'ai malheureusement pas pu compter sur le soutien des adultes, qui ont préféré fermer les yeux. Leur attitude a été le coup de massue rompant net la confiance que je leur portais.

Une nouvelle et cruelle conclusion s'imposait dès lors : je devais savoir ne compter que sur moi-même. J'ai enfoui au plus profond de moi cette douleur d'enfant solitaire, et me suis employé à me construire une vraie personnalité, une interface avec le monde réel qui serait du même coup une armure infranchissable. Je devais m'affirmer, me conquérir.

Qu'il en ait eu conscience ou non, Stéphane et ses leçons particulières ont été une aide précieuse dans cette démarche de reconquête. En plus de m'accorder la confiance que d'autres m'avaient refusée, il ne mâchait pas ses mots et me considérait sans la moindre distinction apparente. La juste stratégie était recherchée pour que j'applique ce qu'il me demandait, et c'était bien là ma seule différence à ses yeux.

Grâce au cheval je me suis délesté de la honte de mes kilos superflus. Stéphane m'a rapidement fait comprendre que je serais autrement plus efficace en sortant le ventre et le dos droit qu'en courbant l'échine pour me cacher. Il m'a appris à pouvoir dire : « Je suis moi, j'ai un corps et j'en suis fier. » C'était une révélation. J'ai bien fini par perdre mes formes, mais ces quelques mots m'ont surtout fait réaliser à quel point j'étais maître de moi-même. Je n'avais pas besoin de parler, et je me passais très bien d'être compris. J'avais besoin d'actes, et j'étais le mieux placé pour agir. Peut-être est-ce en cela que l'équitation me convenait à merveille. Stéphane pouvait m'aider à m'améliorer, mais le premier juge de mon savoir-faire se trouvait sous ma selle.

Les beaux jours de cette année 2004 sont arrivés, et avec eux les vacances scolaires signant la fin de mon année de cinquième. Ce court trimestre d'enseignement équestre avait été un succès pour Stéphane comme pour moi. Ce mercredi 23 juin, ma mère et moi nous sommes rendus comme d'habitude à l'ACBB pour mon dernier cours de l'année. Enceinte de bientôt neuf mois, elle a choisi de suivre la reprise installée dans la voiture, derrière les grilles extérieures. Deux portes communicantes entre le manège intérieur et la carrière extérieure étaient ouvertes, laissant entrer le soleil et un vent léger. À chaque passage devant l'une des deux portes, ma mère pouvait me voir. J'étais au trot enlevé sur le dos de Surcouf, ce qui consiste à se lever sur les étriers un temps sur deux, et je réalisais du mieux possible l'exercice demandé par Stéphane. En m'approchant d'une des deux portes, nous avons tous les deux été surpris par une forte bourrasque qui a soulevé un nuage de sable blanc. Comme pour me protéger, Surcouf a fait face au vent d'un brusque quart de tour, et j'ai senti l'imposante masse se soulever devant moi. Secoué par l'aventure, je n'ai pas tenu en selle plus de quelques secondes, et j'ai ainsi signé ma toute première chute d'un beau plat sur le dos. Si j'ai été étourdi une minute, je ne crois pas avoir eu peur et me suis remis en selle immédiatement pour finir le cours. Je n'ai rien ressenti de bien inquiétant dans l'attitude du cheval, qui a tout juste fait quelques pas en avant après avoir réalisé que je n'étais plus là. Ce qui m'a surpris en revanche est d'avoir aussi vite entendu la voix inquiète de ma mère me demandant à bout de souffle si tout allait bien. Elle avait couru, et je ne pouvais qu'espérer ne pas être la cause d'un quelconque danger pour le bébé. Nous serions bientôt quatre à avoir une bonne raison de nous rappeler longtemps ma première chute.

Quel plus beau souvenir de cette aventure que la naissance d'une petite sœur ? Lina vint au monde dès le lendemain matin, et je devenais ainsi un frère à plein temps. Je crois avoir trouvé en elle la force de me détacher de bien des choses toxiques dans mon quotidien.

Comme cela avait été convenu avec Stéphane, nos leçons particulières ont fait place au cours collectif des débutants en septembre 2004, et je suis passé ainsi sous l'enseignement de Claire en tant que simple élève. Avec tout ce que cela implique d'avantages et d'inconvénients, je devenais un membre du groupe à part entière, étant admis que j'étais capable de me débrouiller par moi-même. J'en tirais une grande fierté. Arriver en même temps que tout un groupe était une chance de débuter quelque chose sur de nouvelles bases, et je nourrissais l'espoir d'en profiter pour faire de nouvelles connaissances parmi ces jeunes âgés de treize à vingt-cinq ans. Nous avons dès le début pris l'habitude de nous entraider les uns les autres, passant dans le box d'à côté lorsque nous avions fini avec notre propre cheval pour prêter main-forte à notre voisin le plus proche. Je constatais avec bonheur que mes quelques mois d'avance me plaçaient la majorité du temps dans la position de celui qui aide, ce qui représentait pour moi une aubaine dans ce nouveau départ. Que j'aie eu ou non des affinités avec eux, chacun des cavaliers du groupe s'est trouvé tôt ou tard en situation de devoir dialoguer avec moi, à pied ou à cheval. Dès lors, tout paraissait plus simple et les questions fusaient. C'était chaque fois comme si un barrage s'effondrait, laissant se déverser un flot de curiosité et d'échange entre nous. Tout était alors plus naturel. Chacun était plus attentif à mes déplacements en cours, et on me proposait volontiers de l'aide pour lire le cahier de monte ou m'indiquer le chiffre correspondant aux affaires de ma monture du jour dans la sellerie. Ma mère perdait même peu à peu l'habitude de rester dans les environs pour s'assurer que tout se passait bien, et se contentait de me déposer et de me récupérer une fois le cours terminé, ce qui convenait à merveille à l'animal sociable que je devenais peu à peu.

Le premier lieu où je savourais précieusement les bénéfices de cette nouvelle expérience des liens humains est évidemment le collège. C'est au cours de cette année de quatrième que j'ai eu mes premiers véritables amis de classe. Mes récréations le nez dans mes écritures ont commencé à se raréfier pour être remplacées par des moments de discussion et plaisanteries avec quelques copains, et je retrouvais dans la vraie vie le plaisir d'échanger autour de nos loisirs, goûts musicaux, films et jeux favoris. J'étais ainsi libre de m'attaquer à ce qui compose l'essentiel de la vie d'un jeune ado de quatrième, à savoir les études, le sport et les amis.

J'avais depuis peu mon propre ordinateur portable, bien plus avancé que mon bloc-notes braille, et je goûtais au plaisir des conversations en ligne *via* les messageries comme MSN, Skype ou d'autres ancêtres des réseaux sociaux. Je dois admettre que de tous les cadeaux que j'aie pu recevoir, ce premier ordinateur a été l'un des plus précieux. Je bénéficiais d'une vraie ouverture sur le monde qui n'était pas limitée par le braille, et j'avais à présent accès aux mêmes outils que tous les autres jeunes de mon âge.

J'apprenais peu à peu à manipuler des pistes audio et vidéo, retoucher sommairement des images, mais aussi et surtout à acquérir les principes de base des logiciels d'accessibilité. Avec l'aide de quelques amis doués en la matière, j'ai été en mesure d'installer un petit logiciel de synthèse vocale sur mon téléphone portable, ce qui m'apparaissait à l'époque comme de la pure science-fiction, et j'ai gagné ainsi l'usage de bien des fonctions de l'appareil comme les SMS dont la lecture m'était jusqu'alors impossible. Il ne se passait pas un mois sans que je ne trouve une stratégie pour compenser ma vision insuffisante, ce qui m'encourageait à en faire toujours plus.

En élargissant mon cercle d'amis, je m'amusais à tester ma personnalité en ignorant ce premier regard fixé sur mes étranges lunettes ou ma canne blanche, et prenant plaisir à parler de chevaux, de livres, de musique, de cinéma ou de toute autre question sur lesquelles je construisais de nouvelles relations. C'est l'époque à partir de laquelle le fond musical de ma chambre s'est invariablement composé de Nightwish, Within Temptation ou Evanescence que je découvrais avec bonheur comme bande-son du film *Daredevil*.

Mes tenues vestimentaires se sont obscurcies, et mes goûts se sont affirmés peu à peu.

C'est aussi à cette période que j'ai pleinement repris possession de mon corps, perdant mes kilos en trop. Les rendez-vous chirurgicaux, médicaux ou les quelques minutes passées chez le coiffeur n'étaient plus seulement ces épreuves où je devais me détacher de mon corps pour satisfaire les professionnels, et devenaient bel et bien des moments au cours desquels j'acceptais le contact physique et le changement qui en résulterait. Je commençais à accepter de tirer parti de mon image. Je n'avais pas davantage d'amis au collège, et je ne m'attendais pas à devenir populaire du jour au lendemain, mais je sentais qu'un certain équilibre s'installait dans ma vie.

Ma petite forteresse de solitude avait gagné une belle pièce dont les murs étaient invariablement tapissés de portraits de chevaux, de paysages et d'espoirs. L'équitation renforçait en moi ce sentiment de construire quelque chose, de miser sur mon avenir et de bâtir par tous mes apprentissages celui que je deviendrais plus tard.

Chapitre VI

Dans la brume

Tiffany et moi poussons une des portes de verre pour nous retrouver dans le hall 5B, à cette heure encore bien calme. Quelqu'un se dirige vers nous, Tiffany m'indique que c'est Guillaume Canet.

– Salut champion. Alors, prêt pour ce soir ?

Comme à chaque fois, je me demande où il arrive à puiser toute cette énergie. Depuis notre rencontre en 2013, je ne lui ai jamais connu une baisse de régime dans le million de projets qu'il poursuit.

Ce qui n'était à l'origine qu'une innocente conversation entre deux passionnés a fini par devenir réalité grâce à lui. Il a été présent durant tout le cheminement de cette idée folle, à chacune des étapes, jusqu'à sa concrétisation aujourd'hui.

Aussi incroyable que cela puisse paraître, nous y sommes et nous nous apprêtons à rendre public le fruit de ce travail d'équipe où chacun m'a suivi sans imaginer une seule seconde que mes yeux nous retiraient tout espoir de succès.

*

Une ombre voila soudainement mon quotidien. C'est arrivé au cours d'une pause déjeuner en mars 2005. Je sortais du bâtiment d'études et, d'ordinaire, lorsque je poussais l'une des quatre portes vitrées vers la grande cour de récréation, je clignais des yeux une ou deux fois pour dissiper l'éblouissement dû à mon absence de cristallin. Mais cette fois, le monde persistait à rester flou. Il ne m'avait d'ailleurs pas semblé très net sur la dernière heure, mais je ne m'en étais pas alerté outre mesure. C'était comme si j'avais de la buée sur les lunettes, mais le brouillard ne s'estompait pas. J'étais incapable de retrouver mes repères visuels habituels, et je n'avais pas l'habitude d'utiliser ma canne blanche au milieu de la cour du collège. Je ne ressentais aucune gêne ni douleur, ce qui rendait peut-être l'expérience d'autant plus angoissante. Je n'avais pas la moindre idée de ce que cela pouvait être, et personne sur place n'avait les moyens de m'éclairer. Ma mère m'a donc conduit au service d'ophtalmologie de l'Institut Curie, spécialiste de mes pathologies et de mon historique médical. Je distinguais la lumière à travers ce qui semblait être une vitre dépolie, et j'avais en permanence cette impression que quelqu'un avait traîné le verre de mes lunettes derrière sa voiture. J'ai alors passé un nouvel examen du fond de l'œil. Les conclusions ont été promptes : il n'y avait absolument rien. Seule hypothèse avancée : un microsaignement avait probablement dispersé une goutte de sang à l'intérieur de mon œil, ce qui se régulerait rapidement et était sans gravité.

Cependant, l'ophtalmologue a tenu à poursuivre en me faisant prendre conscience de la complexité de ma situation. Le sport, l'activité physique, sans parler des chocs ou traumatismes qui pouvaient résulter des chutes, pourraient être, à terme, à l'origine d'une diminution de ma vue pouvant aller jusqu'à la cécité totale. Plus simplement, si je voulais avoir une chance de perdre la vue le plus tard possible, il était plus sage de me tenir tranquille.

– Et à part ça, lui ai-je demandé, je risque quoi d'autre ?

Quelque peu décontenancée, elle a mis quelques secondes à me répondre :

– Tu as bien compris que tu peux perdre totalement la vue ?

– J'ai compris, lui ai-je confirmé. Mais est-ce que je risque autre chose que ça ?

– C'est la fragilité de ton œil suite aux tumeurs que tu as eues dans ton enfance qui est en cause. Concrètement, tu pourrais avoir un décollement de rétine. Mais à ton stade de vision, ce n'est pas une contre-indication au sport.

– Qu'est-ce que tu veux faire, chéri ?

La question était venue de ma mère, comme pour dissiper le silence qui commençait à bourdonner dans la pièce. La réponse était pourtant évidente. Je commençais à peine à découvrir le bonheur d'être moi-même, je touchais du doigt mon rêve de devenir cavalier et j'avais goûté à l'espoir de faire quelque chose de moi. Le choix était limpide dans mon esprit et il m'était inimaginable de sacrifier tout cela à une possibilité, incertaine, de conserver le peu de vue qu'il me restait. Je préférais de loin me donner une chance de vivre plutôt que de passer ma vie à voir de mes yeux les autres exister pleinement.

– Je continue, leur ai-je répondu alors. C'est pas très grave.

Aussi vite qu'il était arrivé, cet étrange brouillard a disparu peu après ce rendez-vous, rendant aux choses leurs couleurs habituelles. Les éléments reprenaient peu à peu leur place, presque comme si rien ne s'était passé. Néanmoins, cet épisode avait laissé sur mes épaules un poids nouveau. Si ma mère avait été surprise de l'annonce du médecin, elle n'en a rapidement plus laissé paraître grand-chose. Je faisais par ailleurs de mon mieux pour ne pas m'appesantir sur la question. Je gardais pour mes nuits de plus en plus courtes le secret de ce difficile compte à rebours, et du pacte que j'avais alors signé avec le destin.

En dépit de mes péripéties médicales, j'ai bien achevé cette année de quatrième avec, en point d'orgue, le passage de mes galop 1 et 2. Sans nous prévenir, Stéphane avait installé au milieu du terrain d'entraînement un petit obstacle en croix. Il fallait sauter. Mes premières foulées de galop remontaient tout juste à quelques semaines, et voilà que je devais envisager l'apesanteur. Le saut d'obstacles était à mon sens la seule limite à ma progression dans les passages de galops. L'ayant réussi haut la main, je devais admettre que j'étais dans l'erreur. Cette limite n'existait pas. Ma timide soif de progression s'en est trouvée aussi vite étanchée que ravivée. Il me fallait poursuivre pour rechercher la prochaine étape.

— Et si tu prenais un peu le temps d'être fier de toi ?, me répétait souvent ma mère.

J'ignore si la pression des examens pesait à ce point dans la balance, ou si je pliais sous une sourde inquiétude liée à la future perte de mes formes et couleurs, mais j'ai vu s'installer peu à peu des épisodes de migraines qui avaient le don de me vider de mon énergie. C'était de pire en pire. D'abord en début de soirée, puis de plus en plus tôt dans la journée. Je voyais plus trouble que d'ordinaire, le moindre son m'agressait et un marteau battait la chamade sous mon crâne. Il n'y avait qu'un parfait silence et une profonde obscurité pour me libérer, après quelques heures, de ces intenses maux de tête. D'autres interrogations étaient alors soulevées qui appelaient encore de nouveaux examens dont j'ignorais même le nom. Fluoroscopie, OCT, TDM, IRM et autres se sont enchaînés sans rien révéler de particulier dans un premier temps. Mon médecin habituel nous a alors orientés vers un spécialiste, apparemment réputé, qui aurait un meilleur point de vue à nous offrir.

Le médecin était jeune et son âge aurait certainement pu me le rendre sympathique s'il n'avait persisté à me considérer comme le simple objet de son diagnostic, un dossier sur la pile. Pis encore, il ne s'adressait à moi que très indirectement comme il persistait à ne pas croiser mon regard. Le moment de m'incliner sur la machine d'imagerie est venu. Caché derrière sa lumière aveuglante, sa loupe puissante et ses boutons complexes, il balayait mon œil du regard. J'entendais souvent le froissement des pages de mon dossier médical et je l'imaginais comparer ce qu'il voyait à des années de comptes rendus. La lumière s'est éteinte, et nous nous sommes tous les deux redressés. A suivi un épais silence, partiellement brisé par de nouveaux bruissements de papier. Enfin, il s'est adressé à nous.

– C'est une récidive.

En quatre mots, ce jeune homme venait de poser le pire des diagnostics qu'il était possible d'attendre. Dans les faits, il avait observé un épanchement de liquide logé contre ma rétine, apportant du même coup la localisation exacte de la fameuse bombe à retardement par laquelle je perdrais la vue quelque temps plus tard. Cet épanchement était d'après lui l'expression du rétinoblastome qui me proposait un second *round* treize ans après. J'ai été incapable de répondre quoi que ce soit, et la première à répondre a été ma mère :

– Et qu'entendez-vous exactement par « récidive » ?

– Je ne peux pas vous répondre autre chose, a-t-il repris d'un ton cassant. Récidive, ça veut dire récidive.

Je ne crois pas avoir salué ce médecin en quittant son cabinet. Il n'était certes pas responsable du diagnostic qu'il posait, mais je crois que j'étais encore plus outré par la manière dont les choses s'étaient déroulées. On venait de m'annoncer une maladie mortelle, et pourtant, d'une certaine façon, je culpabilisais. Je me sentais souillé, abîmé, profondément vulnérable. Le monde m'a sauté au visage dans tout son gigantisme, toute son extravagance et son mépris pour ma détresse. Je ne saurais mettre les justes mots sur ce que nous éprouvions, mais ma mère et moi nous sommes assis à même le sol devant la porte de l'hôpital et avons fondu en larmes dans une étreinte douloureuse.

Dans la réalité, en revanche, rien n'avait changé. La maison en revenant était la même qu'avant de partir, ma chambre était identique, les pseudonymes de mes amis sur MSN aussi et ma pile de devoirs était inchangée. Le brevet m'attendait bien en fin d'année, les chevaux allaient toujours ponctuer mon quotidien et j'étais resté le même aux yeux de tous. Je me suis alors imposé une discipline de fer sans m'accorder la moindre excuse. Je n'étais jamais en retard sur mes devoirs, et je rattrapais sans exception les quelques jours de cours que j'avais manqué lorsque c'était au-dessus de mes forces de me mêler aux autres. Mes héros, mes groupes musicaux et ma littérature ont été les trois voies d'évasion lorsque je n'étais pas à cheval. Mon ciel se ternissait et ma forteresse n'avait jamais été aussi froide et obscure qu'en cet instant. Un mois après la consultation, ma mère a fini par toquer à ma porte, un courrier à la main.

— Il s'est planté, m'a-t-elle dit dans un souffle.

— Comment ça ?

— Il nous fait un courrier pour expliquer qu'il a fait une erreur sur la récidive.

À la lecture du courrier, il apparaissait que nous n'avions pas eu affaire à ce fameux spécialiste mais à son interne, et que le diagnostic annoncé ne correspondait pas à la seconde analyse des images. Simple erreur, voilà tout. C'était comme si je m'éveillais de la plus longue et terrible nuit de toute ma vie. Lorsque la porte s'est refermée sur ma mère, j'ai niché mon visage dans l'un de mes coussins et j'ai hurlé. Je criais ma rage des gens, des choses, de la médecine qui décidait de moi comme pour un pantin de bois, de ce jeune interne qui n'avait pas même pris la peine de se présenter et s'était permis de me condamner. Le poids insupportable de tout ce qui me faisait plier se déversait hors de moi dans un profond et immuable besoin de changement. Si j'étais condamné à vivre, alors cela se ferait selon mes conditions.

Cette erreur médicale a eu pour effet de consolider en moi un tempérament de feu. La période de l'adolescence n'aidant pas, tout ce qui faisait office d'autorité, y compris le corps médical, avait perdu ma confiance. Nous avons pris la décision de ne plus courir après nos vies en région parisienne où mes parents et moi avions tous les trois plusieurs heures de trajet par jour, et de regagner dès l'été suivant la région bordelaise. Bien que triste de laisser derrière moi la vie que j'avais toujours connue et les personnes auxquelles je tenais, je voyais dans ce départ l'occasion de tout recommencer à zéro et de découvrir de nouvelles opportunités.

À cheval, ma dernière échéance avant de partir était le passage du galop 3 que j'avais préparé avec passion – autant par d'interminables relectures de fiches théoriques et pratiques sur le contenu de l'examen que par de longues minutes le nez à quelques centimètres de mon écran à admirer mes champions de saut d'obstacles. Je ne me lassais pas de voir Philippe Rozier remporter ce barrage à Nantes, Nicolas Delmotte frôler la victoire avec son magnifique Luccianno, Alexandra Francart décrocher ce critérium, Michel Robert survoler les barres dans une entente parfaite avec sa monture, et je maudissais la qualité vidéo de 1988 qui me donnait toutes les peines du monde à admirer Pierre Durant et Jappeloup offrir l'or olympique à tout un pays.

Je lisais aussi quantité d'articles sur mon idole de l'époque, Laetitia Bernard. Elle avait été l'une des premières cavalières handisport à faire parler d'elle dans le monde du saut d'obstacles pour avoir défriché la voie de la compétition sur les plus grands concours internationaux courus en France, en se liant d'amitié avec plusieurs grands noms du milieu comme Michel Robert ou John Whitaker qui lui avaient servi de guide. Elle enchaînait ses parcours en suivant un cavalier guide qui lui donnait vocalement ses instructions de direction et de distance avant le saut suivant, popularisant dans le milieu l'instruction « 1, 2, 3, je saute ».

Le galop 3 me rapprochait encore un peu de mon rêve, mais dans mon esprit subsistaient quelques vieux schémas me poussant à croire qu'il y avait chez Laetitia Bernard, et chez tous ces champions, quelque chose qui demeurait hors de ma portée. J'étais impatient de réaliser ce court enchaînement d'obstacles au programme, prêt à livrer le meilleur de moi-même. Je me suis donné deux fois plus, mais j'étais récompensé. Je quittais alors cette cour, ces box, ces personnes qui m'avaient donné ma première chance de monter à cheval, mes trois premiers diplômes en poche et ancrée en moi une profonde envie de progresser.

Chapitre VII

Un jour viendra

Guillaume nous salue et se dirige vers les écuries et Tiffany et moi reprenons notre chemin. Nous tirons du même geste notre téléphone, alertés par la même conversation des nouvelles du reste de nos amis cavaliers qui ont pris la route pour nous rejoindre ce soir. Lors des deux démonstrations de jeudi et vendredi, les entraînements ont été un peu compliqués. L'équipe qui me guidera ce soir n'était pas là. Seule Tiffany était présente. Nous avons été assistés par le personnel de piste pour le guidage, mais nous aurions eu besoin de plus de temps pour trouver suffisamment nos marques quant au rythme et au volume avec lesquels j'ai besoin de leurs instructions.

En effet, ce soir, je serai guidé par mes « petites voix » aussi appelés crieurs, ou *callers*. Depuis le mois de juillet, nous nous sommes entraînés le plus possible en conditions réelles sur des niveaux Club 1. Nous éprouverons tout cela sur le tracé de la deuxième manche de la Gold Cup, composé de sept obstacles dont un double, soit huit sauts, donc huit allers. Guillaume s'est porté volontaire et m'a fait le plaisir de convier également ses amis Philippe et Thierry Rozier, deux grands cavaliers internationaux. Ma petite sœur Lina sera elle aussi de l'aventure, et mes petites voix habituelles feront ça à merveille, comme à chaque fois.

Bien des choses ont évolué avec Tiffany depuis nos débuts. Les questions des journalistes ne manquent jamais de nous lancer dans le récit de notre chemin au cours duquel elle a commencé par me guider à cheval, avant de courir maintenant qu'elle me donne ses instructions à la voix. Quoi qu'il en soit, rien de ce que nous sommes venus faire ici n'aurait eu lieu sans notre rencontre des plus hasardeuses.

*

J'étais bien loin de me douter, le jour de mon tout premier cours à Blanquefort, que je faisais là les rencontres les plus déterminantes quant au cavalier que je deviendrais des années après. Tiffany Margueritat, alors élève monitrice en formation à la SHB, avait en charge notre cours ce samedi et c'est elle qui m'a présenté à Dodjani, le deuxième cheval de ma vie.

Revenus en région bordelaise, nous appréhendions de devoir nous replonger dans la recherche d'un club, mais mes deux années de pratique jouaient en ma faveur et le hasard nous avait conduit dans la ville qui accueillait alors les Championnats de France handisport. En tombant sur un article du quotidien régional *Sud-Ouest* à ce sujet, le nom de la Société hippique de Blanquefort (SHB) était indiqué comme les écuries fournissant plusieurs chevaux à des cavaliers français et étrangers venus courir les épreuves handisport du Jumping, parmi lesquels la monture de Laetitia Bernard.

La voiture s'est arrêtée et le silence s'est fait. Non pas seulement un calme bourdonnement urbain comme à Boulogne, mais un vrai silence de campagne.
— C'est vraiment très joli, m'a dit ma mère. Il y a des arbres devant la carrière, quelques box autour du terrain et je crois qu'ils ont une vraie grande carrière d'obstacles. C'est vraiment au calme.
L'homme qui nous a accueillis, Benoît le secrétaire du club, était en fauteuil roulant. Pendant que je continuais ma tournée des box, ma mère et lui discutaient de ces deux années à l'ACBB, de mon galop 3 et de mon envie de poursuivre.
— Tu aimes sauter ?, me demanda Benoît.
— Oui, lui dis-je sans cacher mon sourire. Mais je n'ai jamais sauté très haut…
— Mais tu es là pour apprendre ! Et du concours, tu en as déjà fait ?
— Non, jamais.
— Eh bien ici, tu vas en faire.
Ce jour-là, Benoît a mis tous mes rêves en mouvement. Il y avait d'après lui un cheval que je devais rencontrer. Il nous a alors

conduits plus loin, vers d'autres rangées de box, puis a bifurqué jusqu'à des stabulations couvertes totalement hors de vue depuis le parking.

– Tu connais Laetitia Bernard ?, m'a-t-il demandé en chemin.

Ma mère et moi n'avons pu réprimer un rire incrédule.

– Tu as ici le cheval qu'elle monte pour les Championnats. Elle venait s'entraîner en janvier dernier avec Michel Robert. Je te présente Dodjani.

Une brèche s'ouvrit dans mon espace-temps, libérant le virtuel de mes rêves dans le réel de mes espoirs. Là, sous ma main, ce poil chaud que je caressais était celui du champion sur lequel j'avais tant lu. J'ai, à cette seconde précise, réalisé combien tout cela était vrai et que j'avais moi aussi, peut-être, raison d'y croire.

Quelque temps après, nous avons été reçus par Sébastien Carralot, alors directeur de la Société hippique de Blanquefort. Un rendez-vous assez bref, et je sentais bien qu'il n'y avait aucune vraie inquiétude chez lui. Il souhaitait dans un premier temps savoir ce que j'étais en mesure de faire, et ce que j'ambitionnais d'atteindre. La compétition est rapidement arrivée dans la conversation, et la situation s'est soudain éclaircie à mes yeux. Après avoir aidé les cavaliers handisport jusqu'à permettre à Laetitia Bernard de s'entraîner sur place, Sébastien n'était pas contre l'idée d'avoir son propre « poulain ». J'imaginais encore à peine les problématiques d'un parcours de douze obstacles à franchir, mais on me donnait ma chance.

– Quand tu seras prêt pour ça, m'a-t-il dit, tu pourras t'inscrire à notre challenge interne, c'est une petite compétition sur toute l'année en plusieurs étapes. Et comme on est entre nous, tu auras tout le temps que tu veux pour te familiariser. Je sais exactement qui pourra te servir de guide. Et si tu aimes ça, on fera de notre mieux pour t'emmener jusqu'à Bordeaux et la Coupe de France. Qu'est-ce que tu en penses ?

Je n'ai eu le temps que d'inspirer, la lourde main de Sébastien se posait déjà sur mon épaule, comme pour me souhaiter la bienvenue dans le groupe. Mon visage avait trahi mes sentiments.

Pour mon premier jour de cours le 9 septembre, je ne connaissais toujours personne. J'avais tout juste visité une fois les lieux, mais c'était compliqué de m'y retrouver dans la foule.

– Tu veux un coup de main pour tes affaires ?, m'a demandé ma mère.

Nous avons traversé la sellerie dans les deux sens, fait le tour d'une bonne moitié des box, sans découvrir où se trouvait mon cheval.

– Bonjour, je peux vous aider ?

– Bonjour, lui a répondu ma mère. Salim est inscrit au cours de 11 heures, et il monte Moonlight.

– Parfait. Je suis Tiffany, mais vous pouvez m'appeler Toof. C'est moi qui ferai le cours. Le box de Moonlight est juste deux chevaux plus loin.

Je l'ai remerciée et me suis dirigé à l'endroit indiqué, tandis que ma mère ajoutait :

– On vous a prévenu de la situation particulière de Salim ?

Ensuite, sans que je comprenne pourquoi, Tiffany a tenu à me faire monter un autre cheval.

– Je vais te présenter un champion. Il est super sympa et il a déjà fait du super boulot avec une autre cavalière non voyante.

– C'est Dodjani ?

J'allais monter un champion de France ! Dodjani était ce qu'il convient d'appeler un petit modèle, et c'était la toute première fois que je voyais de près un cheval pie alezan. Il était tout simplement magnifique, pour le peu que je voyais de lui. J'adorais l'idée que je m'en faisais. Il était à dominante blanche, avec quelques taches marron clair un peu partout. Cette teinte assez rare lui a dès lors valu de ma part son surnom d'Apache. En le découvrant de plus près cette deuxième fois, j'ai été salué par son voisin de stalles, un grand poney à la belle robe isabelle et à la coupe en brosse.

— C'est Ivoire, m'a éclairé Tiffany. Il est très gentil mais je ne pense pas qu'on travaillera avec lui.

Le premier cours passé ensemble nous a servi de test pour la suite. Il est rapidement apparu que Tiffany serait ma monitrice sur l'ensemble de l'année et qu'elle avait déjà à cœur de me faire progresser avec le groupe. Il lui importait toujours de trouver la meilleure façon d'y arriver, ce qui se compliquait avec l'évolution des exercices. Je ne distinguais par exemple pas les cônes de signalisation posés au sol, elle a donc choisi de les remplacer par de longs piquets fluorescents. Je ne les voyais pas davantage avant de me trouver à leur niveau, mais je savais au moins en les dépassant si j'étais à peu près là où je devais ou non. Je n'y voyais en revanche largement pas assez pour distinguer un obstacle, à peine savais-je deviner les chandeliers qui soutenaient les barres pendant le saut. Alors Tiffany essayait plusieurs techniques pour me guider au mieux sur l'obstacle qui était alors souvent placé contre la barrière pour simplifier les choses. Plusieurs séances se sont ainsi déroulées sans encombre, m'offrant de magnifiques fenêtres d'insouciance.

Un samedi d'octobre, alors que je me présentais pour mon cours habituel, nous avons été pris en charge par Sébastien. Je montais Kisscool que je connaissais pour l'avoir déjà eu, et la rumeur disait que le cours se ferait sur le terrain du haut. C'était la grande carrière, celle pour les parcours d'obstacles où je n'avais encore jamais mis les pieds. Sa forme était totalement irrégulière et j'appréhendais fortement ce moment où je devrais y prendre mes repères. S'en sortir seul sur un terrain bien rectangulaire était une chose, éviter tout type d'obstacles plus ou moins vivants sur une carrière à géométrie artistique en était une autre. Instinctivement, j'ai alors mené ma détente au plus proche de la barrière, n'osant quitter la piste que pour changer de main. L'exercice du jour consistait ensuite en un enchaînement de deux obstacles séparés par une large courbe à droite. Profitant de la profusion d'obstacles montés sur le terrain, nous avons commencé par franchir un vertical isolé en guise de mise en jambes. La voix de Sébastien était assurée alors qu'il égrenait ses indications de direction. Nous avons vite trouvé nos aises et je sentais que Sébastien se prenait au jeu. Je savais la barre plutôt basse, mais dans cette nouvelle configuration je ne considérais déjà plus la hauteur comme ma préoccupation première. Enfin, nous nous sommes intéressés au dispositif.

– Tu vas voir, m'a-t-il dit après avoir donné ses instructions au groupe. C'est simple, on va y aller tranquillement et ça ira.

Sur les indications de Sébastien une fois mon tour venu, j'ai pris le galop à droite en direction du premier obstacle.

– OK. Va à droite, droite, droite, et tu es en face. Il approche, tu y es !

Le premier saut était si confortable que je l'ai à peine senti. Sous ma selle, Kisscool prenait de lui-même un rythme supérieur, preuve de son habitude en la matière. Il me fallait maintenant tourner à droite sur une

courbe que je savais assez large, ce qui m'a été confirmé par les indications de Sébastien :
– Tourne à droite maintenant. Droite, droite, droite, non à droite !

La bonne nouvelle était que j'avais effectivement franchi un second obstacle, qui n'était en revanche pas du tout celui qui était prévu par notre instructeur pour l'exercice du jour. Au lieu d'un confortable vertical à 80 cm, Kisscool s'était trouvé face à une barre de 25 cm plus haute. Ne voyant pas la difficulté venir, j'ai encaissé le saut, me faisant à peine la réflexion que les sensations étaient plus intenses que ce que j'avais attendu. De son côté, Sébastien a mis quelques secondes à reprendre la parole.

– Non mais toi... Bon... Pas mal, on va le refaire en allant sur le bon cette fois.

– Ah... Désolé, j'ai cru que...

– Maintenant tu n'as plus d'excuses, m'a-t-il interrompu. Tu vas nous faire le Jumping de Bordeaux !

Je n'ai répondu que par un rire à ce que je croyais être un sympathique trait d'humour. J'étais au moins ravi qu'il ait saisi l'importance de cette échéance à mes yeux. Seulement, j'étais bien le seul à avoir pris cette proposition pour une plaisanterie.

La semaine suivante, Tiffany est venue à moi un peu avant le cours. Sébastien lui avait parlé, et elle se proposait de planifier avec moi nos premières séances d'entraînement. J'étais incrédule face à la chance qui m'était offerte. Nous profiterions des quelques épreuves du challenge interne pour nous mettre en jambes avec Dodj, après quoi nous envisagerions l'inscription au Jumping de Bordeaux 2007. Il fallait pour cela que je sois prêt sur des hauteurs d'environ 90 cm sur une douzaine d'obstacles, sans me laisser démobiliser par le stress de la compétition et ses à-côtés.

Le sort m'offrait un fabuleux bond en avant vers l'un de mes rêves les plus fous. Au cours de deux séances supplémentaires, Tiffany et moi nous sommes alors retrouvés chacun à cheval, et avons pris ensemble nos tout premiers repères. Fortement inspirée des entraînements de Laetitia Bernard et Michel Robert auxquels elle avait assisté, elle m'a ainsi guidé sur quelques barres posées au sol pour s'assurer de notre bonne cohésion, après quoi nous avons franchi ensemble nos premiers obstacles. S'agissant de nos débuts et comme nous étions en conditions d'entraînement, les consignes techniques se mêlaient aux indications de direction. De mon côté, le sentiment était indescriptible. Par ses mots et ses efforts, je me trouvais sur mes premiers vrais parcours de CSO, passant sans trop d'encombres d'un obstacle à l'autre, filant d'un bout à l'autre du terrain sur des instructions qui se faisaient de plus en plus simples et précises. Nous trouvions nos marques sous les yeux de Sébastien, qui ponctuait les séances de quelques mots avec Tiffany, ajoutant quelques retours et conseils à ce que nous avions présenté ensemble dans l'attente de notre toute première mise en situation.

Pour n'importe quel cavalier d'obstacles, un challenge interne est au mieux une opportunité de remporter quelques lots amusants en passant de bons moments entre amis, au pire une occasion de travailler sur ses défauts avant de se confronter aux concours officiels. Pour moi, ce week-end qui approchait était en soi un cadeau du destin, une entrée dans le grand bain que je peinais à achever. Voilà certainement pourquoi, le samedi précédent, nous nous sommes retrouvés dans l'une des plus célèbres enseignes d'équitation à la recherche de mes premières affaires de concours. Si la plupart des cavaliers participaient au challenge interne en tenue ordinaire, j'assumais de passer pour un excentrique en m'imposant une véritable tenue de concours avec pantalon blanc, chemise et veste. J'étais d'ailleurs très peu au fait de ce que portaient les cavaliers de concours, n'ayant jamais assez bien vu pour distinguer dans le détail les tenues de mes stars en vidéo. Je me suis donc orienté vers un blouson noir homologué plutôt qu'une veste traditionnelle. Malheureusement, le passage en caisse a révélé une déchirure sur le vêtement et j'ai donc dû me rabattre sur le seul autre blouson restant d'un rouge vif. Je n'avais pas forcément prévu cela, mais après tout le rouge était ma couleur préférée, alors pourquoi pas. Et Daredevil ne se plaignait pas du rouge.

Que l'on s'imagine briller ou échouer magistralement, on a bien souvent tendance à se faire toute une montagne de nos échéances. Je n'avais pas de réelles attentes pour ce premier simulacre de concours, si ce n'est de faire mes armes et d'en apprendre le plus possible. J'ai par exemple découvert les joies de patauger dans le sable gorgé d'eau lors de la reconnaissance à pied qui précède le début de la compétition, ou encore la cadence d'un paddock d'entraînement dans lequel chacun est plus ou moins plongé dans le programme et les objectifs qu'il s'est fixés. Enfin, j'ai fait l'expérience de la plus intense concentration que j'avais connue. Quand nous sommes entrés en piste, je ne pensais à rien d'autre qu'à donner le meilleur. Je veillais à garder une distance suffisante entre Tiffany et moi afin que nos montures ne se gênent pas. J'espérais secrètement que lorsque Sébastien viendrait lui parler en sortie de piste, il serait satisfait de notre travail et le lui ferait savoir. Je m'efforçais d'appliquer ce qu'on m'avait appris et de me montrer à la hauteur du champion que j'avais sous ma selle. J'ai instantanément aimé faire équipe avec lui, et je me gorgeais de la moindre seconde de notre jeune entente comme d'autant de leçons pour l'avenir.

Nous avons fini par franchir la ligne d'arrivée, ce qui a rallumé le monde autour de moi. J'ai aussitôt repris conscience de tous les autres cavaliers, du vent dans les arbres, de la musique et des rires d'amusement qui rythmaient la journée, après cette minute où rien d'autre n'existait à mes oreilles que la voix de Toof. Nous avions terminé sans faute, mais il fallait se rendre à l'évidence, je ne serais pas prêt à temps pour février. J'étais infiniment fier de ce que nous venions de faire, mais je n'ai pas été surpris de ce que Sébastien nous a dit quelques heures plus tard :

— Tu sais, il vaut mieux qu'on prenne le temps d'être prêts le moment venu plutôt que de t'envoyer au feu dans la précipitation. On garde l'idée et on se laisse le temps, OK ?

Il avait mille fois raison. Il aurait été prématuré d'attaquer une si grosse échéance avec aussi peu d'expérience. J'étais arrivé ici en n'osant pas même rêver d'apprendre à boucler un parcours, et j'avais eu la chance de tomber sur une équipe qui y croyait bien plus que moi. Maintenant que ce pas était franchi, je devais admettre qu'il était plus sage de savoir reculer pour mieux sauter.

Chapitre VIII

Souvenir d'été

Mon téléphone sonne à nouveau. Les journalistes de Stade 2 me donnent rendez-vous pour prendre quelques images depuis le bord de piste, où je prévois d'encourager Guillaume sur l'épreuve du CSI 1*[1] à 1,35 m. À tort, beaucoup pensent que lorsqu'on est privé de la vue, une pareille position est bien inutile, ce que j'entends bien contredire à la caméra.

---

1. CSI signifie Concours de saut international, par extension à CSO qui englobe la discipline du concours de saut d'obstacles. Le nombre d'étoiles indique le niveau de dotation des gains des épreuves, et fixe la hauteur et le niveau de difficulté des parcours. Cela va de 1 à 5*. Un CSI 1* est donc la porte d'entrée des concours internationaux professionnels, le 5* en étant l'élite et le niveau olympique.

Guillaume lance son fidèle Babèche au galop avant de prendre du train pour aborder le premier saut. Comme souvent en compétition, j'aime me vider l'esprit en vibrant au rythme des sabots sur le sable, incapable de rester de marbre lorsque j'entends le tintement d'une barre poussée au sol. À la qualité de la foulée ou la force de la frappe, j'imagine ce que peuvent être les mouvements de mon ami sur son tour, levant moi-même le pied à chaque saut comme pour l'alléger.

Au-delà de la mise en scène pour les besoins du reportage de France 2, ce moment suspendu m'aide toujours à me replonger dans l'essentiel de la compétition en canalisant sur l'instant présent mes émotions et ma concentration. Pour autant que je m'en souvienne, je ne regarde jamais une épreuve de jumping sans la vivre de bout en bout. Il en va ainsi depuis que j'ai approché ce milieu pour la première fois, au Jumping de Bordeaux le 3 février 2007.

*

J'avais beau ne pas me sentir totalement prêt pour l'aventure, les semaines me rapprochant du Jumping de Bordeaux nourrissaient ma frustration. Comme pour renforcer cette impatience du lendemain, mon suivi par l'institut spécialisé dont dépend la ville de Bordeaux s'était vu encore compliqué par d'autres épisodes d'agressions physiques, dont j'ai choisi de me sortir en refusant avec eux tout contact qui n'était pas indispensable. J'y puisais d'une certaine manière la rage pour m'entraîner encore et toujours plus pour le jour où il me faudrait aller chercher ma victoire. Mais je n'ai vraiment compris que j'étais sur la touche qu'au mois de janvier, lorsque Dodjani s'est préparé à mener sans moi cette bataille. Il ne serait cette fois pas monté par Laetitia Bernard, mais par sa concurrente Ophélie de Favitski.

Je ne savais absolument pas à quoi m'attendre avant d'y mettre les pieds. Tout dans ce concours respirait une grandeur, une excellence et une passion qui avaient de quoi me montrer la voie à suivre. Le Parc des expositions grouillait de monde et de vendeurs, les chevaux et les piétons se croisaient à certaines portes et une odeur de cuir glycériné flottait par-dessus les moquettes. C'était gigantesque et magnifique. Nous avons grimpé avec Didier et ma mère dans les escaliers métalliques des tribunes à la recherche de nos places. Je ne voyais qu'un grand flot lumineux devant moi, là où le sol devait réfléchir les puissants spots.

– Alors que devant vous, madame, monsieur, les cavaliers de ces Championnats de France handisport achèvent de découvrir ce parcours qui les départagera bientôt...

C'était lui, c'était sa voix. Celle d'André-Jacques Legoupil, l'une des légendes du commentaire que j'écoutais en boucle. Et dire que j'avais bien failli être de la partie... Dodj, lui au moins, était venu défendre son titre.

Assis dans les tribunes devant l'épreuve, j'ai réalisé combien ma place était ici. Rien n'était hors de portée avec un travail suffisant. J'avais devant moi une discipline qui semblait si forte de valeurs et de présence que je me demandais pourquoi elle n'était pas davantage connue. Je restai muet d'admiration devant José Letartre et son audacieuse mais vaine tentative d'option super courte au barrage pour décrocher la victoire, n'apprenant qu'en fin de parcours que ses jambes étaient en réalité des prothèses en dessous des genoux. Je vivais les performances de ces noms que j'avais lus au hasard de mes recherches, jusqu'à vibrer littéralement devant le duel opposant Laetitia à Ophélie. Quelle qu'en ait été l'issue, je n'aurais pu qu'être à moitié satisfait. La balance a finalement penché pour mon Apache et Ophélie, me prouvant s'il en était encore besoin tout ce je pouvais attendre de lui pour la suite. Après la remise des prix et une *Marseillaise* que je voyais déjà comme celle de l'année suivante, nous avons fini par quitter nos sièges en retournant vers le flot des amateurs qui allaient et venaient entre les stands. Ma mère a tenu à ce que nous marquions une pause devant une bijoutière qui exposait quelques pendentifs équestres, sachant combien j'aimais toucher de jolies pièces d'art. Ma préférence était immédiatement allée à un petit fer à cheval en argent dont je sentais jusqu'au détail des minuscules têtes de clou sur le métal lisse.

— Ça te fera un souvenir, m'a dit ma mère alors que nous rebroussions chemin vers la voiture. Quand tu le sentiras autour de ton cou, tu te souviendras pourquoi tu fais tout ça.

Elle n'aurait pu toucher plus juste. Je ne me souviens pas d'un jour jusqu'à mes premières années d'études supérieures où je n'ai porté sur moi ce bijou, en lequel je voyais la promesse de recueillir, aux côtés de Dodj, la récompense de notre travail.

Le Jumping de Bordeaux avait été une merveilleuse source de motivation dans mon travail équestre, et d'évasion une fois confronté aux quelques difficultés relationnelles qui pavaient les périodes de cours. Mon costume de collégien était définitivement trop petit pour moi, et je me voyais comme un adulte sous cloche contraint de prendre sur lui pour s'incorporer à la foule.

Les entraînements que nous enchaînions avec Tiffany et Dodjani commençaient à porter leurs fruits, si bien que nous étions passés dans la catégorie supérieure du challenge interne et répondions maintenant aux hauteurs des épreuves handisport. En dépit de tout ce qui compliquait mes journées au collège, j'étais parvenu à me faire de bons amis, et j'entretenais même ma toute première histoire sentimentale à l'extérieur. La fin de l'année approchant, j'ai visité le lycée Camille-Jullian que j'intégrerais l'année suivante.

Au club, avant les adieux précédant les vacances, nous avons pu concourir pour notre challenge interne. Dire au revoir à un ami en sachant qu'on ne se reverra que dans plus de deux mois est un moment incontournable des clubs d'équitation, et Dodj ne m'appartenant pas, je ne faisais pas exception à la règle. Peut-être avais-je la tête à cette séparation lors de la finale de notre tout premier challenge interne, d'où les quelques erreurs qui ont émaillé notre score. Pour une fois d'esprit taquin, il ne pouvait pas même s'empêcher de jouer avec tout ce qui passait à sa portée de retour aux écuries, me prenant des mains mes brosses ou nous aspergeant tous les deux en essayant de boire au jet d'eau de la douche. Il paraissait évident que nous nous amusions lui et moi, et c'était là une nouvelle complicité qui se faisait jour entre nous.

Je croisai Sébastien un peu plus tard, qui dissipa tous mes doutes :

– Pour les prochains tu me dois au moins un podium, m'a-t-il lancé alors que nous repartions.

Les choses en la matière n'auraient pu être plus claires, et j'ai laissé un sourire entendu parler pour moi en remontant en voiture. Je les quittais pour quelques semaines, mais je comptais bien revenir prêt à l'attaque pour une saison qui, cette fois, ne se jouerait pas sans nous.

Nous avions fort à faire cet été-là, notamment trouver une nouvelle maison qui nous épargnerait de longs trajets en voiture et me permettrait de gagner en autonomie. Cela peut sembler bien peu, mais la seule idée de ne devoir compter que sur moi pour aller et revenir de cours pouvait suffire à me faire trépigner d'impatience en attendant septembre. Nous sommes allés au Maroc où j'ai pu constater que quelque chose s'était définitivement libéré en moi ; Dodj et Tiffany ne pouvaient y être étrangers. En revenant à Bordeaux, je portais un second fer autour du cou, d'une taille tout juste suffisante pour contenir le premier, un hasard que je n'avais pas voulu laisser passer.

Le gène de la ponctualité nous a semble-t-il fait défaut à l'origine, aussi étions-nous arrivés en retard à Blanquefort ce premier samedi de septembre. N'ayant pas le temps de m'attarder, j'ai décidé de remettre à après le cours mes retrouvailles avec Dodj qui revenait de ses vacances au tout proche château d'Angludet. Mais étrangement, l'emplacement de son filet dans la sellerie ne portait pas son étiquette. Il y avait certainement quelques nouveaux, et il n'avait pas dû être replacé correctement dans l'agitation de la rentrée. Tiffany n'était pas présente, et c'est Alexia, une nouvelle élève monitrice, qui a alors assuré notre cours. J'étais évidemment plus qu'heureux d'être de retour à cheval, mais j'avais un mauvais pressentiment que je ne parvenais pas à éteindre. En descendant, j'ai demandé à Alexia :

– Tu sais où est Dodjani ?

C'est tout ce que je voulais savoir, tout ce qui importait. Mais peut-être n'a-t-elle pas compris, alors j'ai répété.

– Je... Tes parents sont là ?

Ils devaient revenir une vingtaine de minutes plus tard pour me récupérer après le cours. Mais pourquoi tout le monde s'obstinait-il à s'adresser à mes parents plutôt qu'à moi directement ? Je n'étais pas vraiment agacé par Alexia, juste désireux de ne pas faire durer la situation. Je l'ai alors dépassée pour lui faire face, mon cheval toujours en main, pour qu'enfin la réponse vienne. Je regrettais infiniment que mes yeux ne puissent lire dans les siens à mesure que les secondes de silence s'écoulaient entre nous. Quand elle m'a répondu :

– Il a eu un petit souci cet été au pré. Il y a eu un peu d'agitation et il a voulu faire le jeune cheval qui saute les clôtures, mais il s'est pris dans les fils du haut.

– Il est blessé ?, lui ai-je alors demandé.

– Salim... Je suis désolée.

Le monde tout entier s'effondrait autour de moi. Pendant qu'elle récupérait mon cheval pour le reconduire elle-même au box, quelqu'un près de moi disait « ça y est, elle lui a dit ». Mais que m'avait-elle dit ? C'était idiot, je n'avais certainement pas compris de la bonne manière. Sans me retourner, et du pas le plus décidé qu'on avait dû me connaître aux écuries, j'ai laissé derrière moi la carrière vide en me dépêchant de gommer le moindre doute. J'en étais certain, il serait à sa place habituelle, la troisième stabulation sur la gauche juste après Ivoire. Et s'il n'y était pas, il était dans une autre après avoir changé de place depuis son retour. Alors pourquoi ne le trouvais-je pas ? Aucun d'eux n'était mon Dodj.

Dodjani, ce fidèle copain, ce champion, ce cheval de tous mes espoirs avait définitivement disparu. Sans savoir où j'irais, je me suis mis à courir. Avec les stalles couvertes, j'essayais vainement de mettre de la distance entre moi et l'atroce réalité qui s'imposait. Dodjani était mort.

J'avais dans la poche quelques friandises destinées au troisième cheval de la rangée, j'ai donc décidé d'en faire cadeau à celui qui serait à cette même place avant de partir. Un gros nez délicat est venu s'intéresser au contenu de ma main tendue au-dessus de la barre qui fermait sa stabulation, puis deux lèvres imposantes ont attrapé le bonbon avec douceur. J'ai alors approché mon autre main de son encolure quand j'ai reconnu une crinière en brosse qui ne pouvait appartenir qu'à un cheval.

– Salut, Ivoire.

Chapitre IX

Une seconde chance

Ma mère, mon beau-père et ma sœur sont arrivés pour le déjeuner. Nous mangeons quelques sushis sur un canapé à la va-vite. J'ai l'estomac un peu noué même si je fais tout pour donner le change. J'essaie de leur parler d'autre chose, des amis chez qui ils dorment par exemple. En réalité, j'essaie simplement d'éviter le sujet.

Le fait est que j'essaie d'éloigner les questions que ma mère pourrait me poser. Son stress peut avoir tendance à s'additionner au mien quand je monte à cheval et *a fortiori* pendant les concours. Il lui est par exemple devenu habituel de s'isoler au milieu d'inconnus pour suivre nos parcours. Je me veux hermétique à toute turbulence venue de l'extérieur, n'étant déjà pas bien certain de savoir gérer les miennes.

Quant à ma sœur, elle est toujours extrêmement enthousiaste. Un mot d'elle suffit à me donner de l'énergie. À l'entendre, il n'y a aucun doute que tout se passera pour le mieux.
– Tu vas tout déchirer !
Toutes ces petites choses sont devenues habituelles, à commencer par leur saveur de première fois. Un commencement que je dois à l'être auquel je pense toujours lorsque retentit la cloche du départ : Ivoire.

*

J'ai eu, dans la perte de Dodjani, la chance de ne pas avoir le temps de m'apitoyer. Tiffany et Sébastien cherchaient une solution pour ne pas laisser sans suite nos premiers efforts. Le temps du lycée avait également fait son entrée dans ma vie et m'apportait ce que mon esprit réclamait à cor et à cri depuis si longtemps, de la nouveauté et un peu plus de considération.

J'ai vite pris mes aises sur les trajets quotidiens que j'aurais à réaliser, et j'ai fait mon possible pour me mettre à la disposition des enseignants s'interrogeant quant à mes besoins et méthodes de fonctionnement. Il leur est bientôt devenu habituel d'entendre la petite clochette d'allumage de mon ordinateur braille, et un rythme s'est installé dans leur transmission des documents pédagogiques afin que je dispose à temps de la version transcrite. Notre professeur principal avait, pour ne rien gâcher, un sens de l'humour pinçant sur lequel nous nous retrouvions sans mal. Je m'amusais beaucoup d'entendre combien certains s'offusquaient de remarques comme « Me faites pas ces yeux-là, Ejnaïni », ou encore « Allez Salim. Bluffez-nous, décrivez-nous la photo ! ».

Ma difficulté à me faire des amis était cependant toujours la même. Venait-elle d'une barrière érigée par les autres, ou par moi-même ? Je ne pouvais raisonnablement tout mettre sur le compte de la canne à ma ceinture ou de mes grosses lunettes, peut-être mon attitude y était-elle pour beaucoup. Je gardais la porte hermétiquement close sur ce qu'étaient mes goûts, passions et préoccupations hors du lycée, devenant véritablement quelqu'un d'autre lorsque ce portail était franchi. Je portais pour ainsi dire l'armure sociale que je m'étais forgée face aux enseignements de la nature humaine.

Ivoire était un poney d'environ 1,40 m, d'une couleur café au lait aux crins noirs et d'origine inconnue sur le papier. De ce fait, peu de compétitions lui étaient ouvertes et sa valeur s'en trouvait très amoindrie. Ressemblant de près au rustique Fjord, il a souvent été décrit comme tel. Après des débuts mouvementés à Blanquefort dus à un tempérament difficile, il a fini par se révéler être un vrai atout polyvalent. Il ravissait nombre d'élèves débutants, n'avait plus rien à prouver au horse-ball où le contact et la réactivité sont indispensables, servait régulièrement pour les cours à destination d'enfants présentant des handicaps lourds et comptait même des fans dans le domaine du saut d'obstacles.

J'ai tout d'abord fait sa connaissance sur l'un des cours assurés par Sébastien, ce qui m'a permis de constater toute sa fiabilité et son envie de bien faire. Il m'était toutefois très inhabituel de monter un si petit gabarit, et je n'y ai pas tout de suite trouvé ma place. Pour ajouter au vent de changement de cet automne, Tiffany venait d'obtenir son diplôme de monitrice et avait malheureusement dû quitter les écuries. Pour poursuivre dans la direction prise depuis quelques mois, nous avons échafaudé un plan de bataille incluant plusieurs séances d'entraînement à Blanquefort, avec l'accord de Sébastien, et le cap maintenu sur le prochain Jumping de Bordeaux. Tiffany passait me récupérer au lycée lorsque j'avais un après-midi devant moi. Je sellais Ivoire et après plusieurs essais, le choix de Tiffany s'est porté sur Isnogood qui lui convenait le mieux. Il était généralement question d'être performants face à l'imprévu, Tiffany me guidait donc sur des obstacles et trajectoires que je n'avais volontairement pas reconnus à l'avance sans savoir quand nous nous arrêterions. Nous pouvions ainsi aller jusqu'à une grosse vingtaine de sauts à la suite sur des profils et des hauteurs variables, avec les seules dernières instructions avant le saut : « En face, 1, 2, 3, je saute. » À l'issue de la toute dernière séance, il faut reconnaître que nous étions plutôt fiers. Sur les 25 obstacles que nous avions enchaînés, pas même les plus hauts à 1 m n'avaient fini à terre. La décision s'imposait alors, nous compterions parmi les concurrents en février.

Plusieurs détails restaient à régler. N'ayant pas couru la précédente Coupe de France, je ne pouvais pas compter au nombre des prétendants au titre de champion. La seule exception à cette règle concernait les cavaliers étrangers, ce qui était pour nous une excellente nouvelle qui nous ferait courir sous couleurs marocaines. Il y avait ensuite la question des interlocuteurs et responsables pour ne manquer aucune information, et pour cela nous avions un allié de choix dans la place : Rémi Barrière. Rémi était président de l'association Handippique 33 et usait de ses solides casquettes équestre et dans le monde de la santé pour apporter de robustes pierres à l'équitation handisport en France. Il était parmi ceux à qui nous devions l'existence même des Championnats et Coupe de France, et il avait œuvré au prestigieux accueil par Bordeaux de ces épreuves. Kinésithérapeute de profession, il encadrait avec un enseignant les séances d'équitation proposées aux pensionnaires de l'Institut d'éducation motrice d'Eysines une fois par semaine. La question de ma participation était donc loin de l'inquiéter, et son soutien pour y parvenir s'est révélé précieux. Mon baptême du feu s'annonçait sous des conditions optimales et je disposais d'une solide équipe sur laquelle m'appuyer. Les dernières semaines précédant le fameux week-end, j'avais autant de mal à me concentrer que si j'avais eu la plus agaçante des chansons à l'esprit, et je chassai à grand-peine le seau de pierres qui s'invitait dans mon estomac. Mon impatience restait malgré tout intacte.

Les épreuves se tenant les vendredi 1er et samedi 2 février dans l'après-midi, je devais manquer la journée du vendredi pour les derniers préparatifs. J'ai pour la première fois ce jour-là graissé une selle ainsi que les pieds d'Ivoire sur les consignes de Tiffany qui s'est amusée du résultat.

— Tu serais pas du genre à dépasser sur tes coloriages, par hasard ?

Sur ses conseils, j'ai ensuite tamponné le surplus de produit restant sur le cuir pour épargner au maximum mon pantalon blanc.

Enfin, quand tous les préparatifs ont été achevés, nous avons embarqué les chevaux et pris la route vers le Parc des expositions, Sébastien et moi dans le camion et Tiffany en voiture à notre suite.

— Toi aussi tu y penses ?, m'a-t-il demandé. Tu penses à notre ami Dodjani ?

— Ça aurait dû être avec lui, ai-je fini par lui répondre. Il me manque beaucoup.

— Il me manque aussi et vous auriez été géniaux. Mais maintenant tu as Ivoire, et vous pouvez le faire. Tu imagines, l'hymne marocain à la fin des épreuves ?

Je ne pouvais que sourire à une telle évocation. J'espérais tout juste arriver à finir sans mourir de honte devant tout ce monde, là où lui nous voyait déjà des chances de remporter la victoire. Mais il avait parfaitement raison sur un point, Ivoire et moi faisions équipe désormais. J'en étais déjà arrivé plus loin avec lui que ce que Dodj et moi avions accompli ensemble, et sa valeur n'était plus à démontrer. Lui et moi étions les parfaits *outsiders*. Le cheval de rien faisait équipe avec le cavalier de rien, à la suite de la jeune monitrice fraîchement diplômée, et nous ambitionnions tous de démontrer en piste ce dont nous étions capables.

Il est bien des couloirs d'une longueur interminable, aucun pourtant ne m'avait semblé aussi imposant que celui reliant le paddock de détente à la piste du concours. Alors que me quittaient toutes mes questions et inquiétudes, je me sentais plongé dans une bulle qui surpassait en intensité tous nos précédents concours internes. Les tribunes avaient beau ne pas être pleines à plus du tiers, la rumeur de la foule filtrait depuis la seule issue qui nous restait.

– En avant les enfants, nous a lancé Sébastien depuis la porte d'entrée. À vous de jouer !

Alors que nous recevions l'étreinte de la lumière en faisant notre entrée en piste, je portai ma main gauche au dos de mon gant droit pour en déloger ce qui me restait de Dodjani avant de laisser tomber ces quelques crins sur le sable. Quoi que nous fassions, il était aujourd'hui un peu des nôtres.

– Accueillons pour ouvrir cette épreuve les couleurs du Maroc, portées par Salim Ejnaïni, et Ivoire !

J'ai eu un inévitable sourire en entendant la charismatique voix d'André-Jacques, et nous avons pris le galop pour nous diriger sur ce premier obstacle. J'ai entendu le discret signal de la ligne de départ alors que nous passions le faisceau laser. Nous approchions, Ivoire était hautement attentif... Et Isnogood a fait une brutale embardée à gauche malgré les efforts de Tiffany. Nous venions de réaliser notre première faute. M'efforçant de ne pas perdre le bénéfice de toute ma concentration, j'ai cherché Tiffany des oreilles et me suis remis à sa suite. Nous sommes revenus franchir le premier obstacle, qui cette fois est passé. Je n'étais alors plus en concours, mais de retour sur notre carrière d'entraînement. Nous avions juste la chance d'avoir du public en nombre et un plafond au-dessus de nos têtes, mais tout était comme d'habitude. Il n'y avait que la voix de Toof et l'énergie d'Ivoire, tout le reste n'était que silence autour de nous. Pris par la concentration, je ne me souvenais plus où nous en étions après le troisième saut et redoublai de vigilance pour ne pas perdre ma guide. Quand, finalement, le son est brusquement revenu à mes oreilles alors que nous nous réceptionnions du dernier saut. Je n'ai pas fait preuve d'une équitation exceptionnelle. J'ai perdu mon étrier droit à mi-parcours sans parvenir à le rechausser et je n'étais pas à ma place sur la plupart des sauts ; nous avions quatre points de pénalité plus deux de temps dépassé, mais je goûtais là au premier cadeau que me faisait la compétition : de merveilleux applaudissements d'encouragement.

En dépit de nos péripéties, nous étions deuxièmes à l'issue de cette première épreuve, juste derrière Ophélie et devant Laetitia qui avait malheureusement connu quelques difficultés. Le second jour a été davantage source de plaisir que d'inquiétude. Nous sommes entrés en piste après Laetitia, selon l'ordre réglementaire de passage, et je me suis surprise à vouloir défendre cette place au maximum. Le niveau était légèrement plus corsé que la veille, mais nous savions cette fois où nous mettions les pieds. La première faute commise a été de mon fait lorsqu'une barre s'est renversée sur le passage d'Ivoire qui n'avait pas assez de galop. Comme moi emportée par le bonheur de l'arrivée, c'est Tiffany et Isnogood qui ont poussé à terre la seconde barre sur le tout dernier obstacle du tour, scellant notre performance de huit points de pénalité. Nous avions commis des fautes le premier jour ; Laetitia était trop loin derrière nous et Ophélie sans pénalité devant dès la veille. Qu'importe que nous ayons fait des fautes ou non le second jour, nous n'aurions pu obtenir mieux que la deuxième place.

Je n'ai pas su dire les mots de ma fierté en recevant le deuxième prix des mains des officiels, arborant mon excentrique blouson rouge et mon casque très en dessous de ce que portaient tous les autres. Le gamin de seize ans sur son petit Fjord guidé par la petite jeune avaient cette fois fait parler d'eux, et cette deuxième marche faisait naître en moi l'espoir de conquérir un jour la première place du podium.

Chapitre X

Un nouveau regard

À mesure que la journée avance, les enjeux deviennent plus concrets. Je croise à nouveau Christophe Ameeuw, l'organisateur de l'événement, celui qui a rendu ce rêve possible. Je crois que mon visage parle de lui-même, et comme à son habitude, il a pour moi quelques mots chaleureux et bienveillants :

– Ça va aller, Salim, il se passera ce qu'il se passera, quoi qu'il arrive, je te fais confiance !

Je commence enfin à entrevoir l'envergure de ce que nous faisons. À chaque étape, je perçois l'influence de Christophe, qui s'efforce d'insuffler toujours plus de magie à l'événement. Je ne crois pas avoir entendu une fois le terme de « handicap » prononcé depuis que je suis ici. Et aujourd'hui, je comprends qu'il n'y a qu'une noble différence, comme de celles qui enrichissent. Pour les journalistes, spectateurs ou champions internationaux, ma singularité n'excède pas celle de tous ceux qui portent un pantalon blanc, une paire de bottes et une veste. Je ne suis rien d'autre qu'un cavalier.

*

Cette Coupe de France 2008 serait la mienne. J'ai pris la décision de m'investir au maximum, mais une fois encore, ma situation n'avait rien de simple. Mes seules possessions sur le plan équestre se limitaient à mon casque, mes vêtements et mes brosses. Alors que chaque concurrent disposait de son propre cheval ainsi que du moyen de le transporter, je n'avais pas même de selle à moi. En imaginant qu'Ivoire me soit prêté ou loué, il me faudrait toujours trouver un second cheval et croiser les doigts pour que Tiffany puisse se libérer de ses obligations professionnelles. Par chance, Rémi a fait le choix de me prêter à nouveau main-forte. Il s'est assuré qu'une monitrice du club d'accueil pourrait me servir de guide et que deux chevaux seraient mis à ma disposition. Pour limiter les frais, des cavaliers et familles du Parc d'équitation du Château Bleu qui organisait cette étape ont même accepté d'offrir l'hébergement à plusieurs d'entre nous. Un bel esprit accompagnait cette perspective nouvelle.

Nous avons profité des vacances scolaires pour faire le voyage en famille. La veille du concours, nous nous sommes rendus à Tremblay-en-France où le Parc d'équitation du Château Bleu achevait de se parer de ses plus belles couleurs pour l'événement du week-end. Rémi m'a présenté à Fabrice Bossuyt, incontournable personnalité des événements équestres parisiens, notamment pour son rôle clé au sein du prestigieux Polo de Paris, dont l'engagement dans le handisport équestre avait aussi conduit à son succès. Fabrice présiderait le concours, et Rémi serait à ses côtés pour compléter la présentation des cavaliers au micro. Xavier Bougeois, le directeur des écuries, m'a lui aussi été présenté, m'annonçant par la même occasion qu'il était heureux de mettre à ma disposition deux chevaux et une enseignante. Enfin, j'ai rencontré Alexandra Crespin. Elle était monitrice sur place, compétitrice de hunter, une discipline voisine de notre concours de saut d'obstacles, et également représentée sur l'événement. Elle serait ma guide du week-end.

J'étais autant touché qu'intimidé par toute cette organisation mise sur les rails pour me donner les moyens de poursuivre. Emmenés par Idole et Jupiter, Alexandra et moi avons tenu bon sur ce week-end et conclu cette toute première expérience ensemble par une victoire des plus galvanisantes. Un changement de règlement avait quelque peu modifié la répartition des cavaliers au sein des épreuves, et le niveau à 90 cm comptait une petite dizaine de participants aux profils variés. La championne de France en titre, désireuse d'augmenter la difficulté technique, avait quitté cette catégorie pour rejoindre le niveau intermédiaire à 110 cm, ne laissant que Laetitia et moi comme non-voyants guidés dans la première épreuve. En somme, le handicap comptait moins alors que le niveau équestre. Pour ne rien gâcher, mon père m'avait fait la surprise d'être de la partie en arrivant à l'exact moment où j'étais en piste. Très au fait de ma situation, Alexandra m'a annoncé, alors que nous reprenions la route et que tous se donnaient rendez-vous à l'étape suivante de La Baule, qu'elle tenait à poursuivre à mes côtés l'ensemble de la saison, qu'importaient les montures que nous arriverions ou non à trouver. J'étais arrivé là sans rien, je repartais avec de magnifiques souvenirs en tête, plusieurs amitiés naissantes et notre toute première victoire. Un objet de plus viendrait décorer mon bureau, le magnifique cheval en fil de fer qui ne m'a plus quitté depuis, première vente de l'artiste Sarah Foxa que je ne reverrais que neuf années plus tard.

Le hasard a toutefois voulu que je connaisse l'un des plus étranges retournements émotionnels à cette même période. La question de la perte de ma vue était comme une discrète imperfection sur la toile de fond de mon quotidien. Je n'y accordais pas une importance démesurée, d'autant plus que mon choix était fait depuis longtemps, mais elle avait le don de se rappeler à moi alors que je n'y pensais plus. Je n'avais rien remarqué après mes quelques chutes survenues à l'entraînement, sans pour autant aller jusqu'à penser que rien ne changerait jamais. Après tout, il m'arrivait de passer des journées entières les yeux fermés et cela ne ferait aucune différence du point de vue sportif. Mais il fallait se rendre à l'évidence : ma manière de prendre les choses n'appartenait qu'à moi, celle des autres leur était dictée par leur imagination et leurs préjugés.

Ma petite amie de l'époque m'avait un jour dit que si je devenais aveugle, elle ne pensait pas pouvoir rester avec moi. Ce rejet fort et brutal m'a alors conduit à prendre la décision de mettre un terme à notre histoire. Être en couple avec un aveugle était au-dessus de ses forces. Rester dans une relation en sursis, au-dessus des miennes. J'en étais évidemment affecté, et je regrettais terriblement que les choses aient eu à se finir ainsi, mais au moins les choses étaient dites.

À bien des reprises dans ma vie, le sort a semblé faire preuve d'un singulier sens de l'humour. Je me figurais que les premiers signes avant-coureurs d'un déclin de ma vue se manifesteraient devant la télévision ou ma console de jeux, et j'ai en effet eu quelques doutes ce même été durant nos vacances en famille. Aussi proche de l'écran que je puisse l'être d'ordinaire, je me révélais un bien piètre adversaire aux jeux de combat avec mes cousins, et il me semblait que certains détails m'échappaient. Le lendemain, c'est la maison tout entière qui me jouait des tours. Je la connaissais pourtant depuis tout petit, mais j'entrais sans cesse en collision avec des meubles déplacés, des portes à demi fermées ou des personnes sur mon chemin. Quelque chose clochait et ça n'allait pas en s'arrangeant. Quelques jours plus tard, ce sont les couleurs et formes précises qui me faisaient défaut. Je ne voyais plus qu'une sorte de grand flot lumineux éblouissant, comme si j'avais eu en continu un flash d'appareil photo braqué sur le visage, ce qui s'atténuait quelque peu en portant mes lunettes de soleil corrigées. La prédiction des médecins se réalisait, et je devenais un spectateur forcé de ces tournois à la console de jeux, ce qui a représenté à peu près la plus grande de mes pertes. Mais je n'aurais su comment envisager les choses pour mes proches. Je ne trouvais aucune juste manière pour annoncer à ma mère, qui s'était tant battue pour que cela n'arrive pas, que son fils avait perdu la vue. J'ai donc fait le choix de garder le secret aussi longtemps que possible. Cela a tenu jusqu'à ce matin de novembre où Didier m'a demandé pourquoi je partais avec mes lunettes noires alors que le jour n'était pas encore levé. J'ai dû lui révéler la vérité. J'étais aveugle.

La perte de ma vue a toutefois précédé un bouleversement concernant mes autres perceptions. Je m'étais toujours trouvé dans un « entre-deux » et j'étais désormais privé des rares exercices que me permettait ma vision, mais j'étais aussi libéré du kaléidoscope embrouillé qui ponctionnait toute mon énergie de loin. Mon ouïe qui m'avait toujours secondé efficacement m'informait avec encore plus de précision, et j'apprenais peu à peu à me passer de ces habituelles tentatives de déchiffrage de ce que j'avais peiné à distinguer. Il y avait moins de parasites sur mes canaux de perception, les informations que je recevais étaient donc bien plus fiables et un monde supplémentaire se révélait à moi. La vue n'avait jamais tenu une place dominante dans ma vie, j'ai compris au fil des jours qu'en un sens, j'en étais libéré.

Chapitre XI

La deuxième place

Le regard des autres est en cet instant un élément que j'aimerais pouvoir oublier. Que ce soit appréhension de l'épreuve qui approche, ou suite à l'article de presse dont je viens d'achever la lecture sur mon téléphone, le jugement ne m'apparaît que comme parfois brutal, souvent pénible. Si j'en crois le journaliste, je ne suis qu'une espèce d'illuminé qui a perdu toute notion du réel en courant après un rêve bien trop grand pour lui. Guillaume ne manque pas de constater mon trouble alors que je lui parle de son parcours de ce matin, et ne peut s'empêcher de réagir en connaisseur à la situation :

– Alors, mon pote, je t'arrête tout de suite. Si tu dois te faire une idée de qui tu es avec les propos des journalistes, tu vas découvrir plein de choses. Par exemple, moi, il paraît que ma femme est enceinte de Brad Pitt !

J'avoue bien volontiers que je n'avais pas vu les choses sous cet angle et me laisse gagner par le rire. Je sais bien qu'au fond, ces futilités ne doivent jamais me détourner de mon but. Galvanisé par ce trait d'humour, je me résous donc à laisser de côté ce petit gravier dans ma chaussure pour me focaliser sur l'essentiel.

*

Rapidement, j'ai dû me confronter à tout ce qu'implique le fait d'être le petit nouveau dans un groupe. Après l'effet curiosité qui vous met au centre de toutes les attentions, les premières affinités se créent qui vont de pair avec les divergences d'opinions. Il n'allait par exemple pas de soi que je m'entendrais avec Laetitia Bernard et Clovis, son entraîneur de l'époque. Elle fait pourtant partie de mes plus belles rencontres, passant tout naturellement de modèle à amie. Qu'il s'agisse de la discrète et talentueuse Cindy

Duval, du très fameux José Letartre, pilier de l'équipe de France de para-dressage en plus d'être un cavalier de jumping averti, de Jean-Luc Rousseau, de Bruno Arnoux, de Pascaline Dalseme ou d'autres, j'ai immédiatement compris que j'étais des leurs et qu'ils partageaient sincèrement le plaisir de mes résultats. Il faut cependant admettre que la convivialité de cet accueil n'a pas été partagée par tous. Le jeune ovni bordelais qui accumulait les points au fil des étapes avec des chevaux loués au pied levé, guidé par une monitrice fraîchement rencontrée à Paris et de tout juste seize ans avait le don d'irriter quelques sensibilités. Loin de me décourager, les quelques mesquineries qui en ont découlé ont été l'occasion de durcir encore mon armure.

Après la petite dizaine d'étapes Coupe de France nous ayant conduits à fouler de prestigieux terrains à travers le pays tels que La Baule, Deauville, Blaye et d'autres, j'ai touché à mon but premier en décrochant ma qualification pour disputer la finale. En rendez-vous incontournable de notre saison, cette étape particulière était courue lors du grand salon lyonnais d'Equita, aujourd'hui appelé Equita Longines.

Pour couronner le tout, Ivoire m'était confié par Sébastien pour me laisser toutes les chances de transformer l'essai qui m'était offert avec ma deuxième place provisoire au classement général. Je serais donc guidé par Alexandra, et j'avais trouvé une monture *via* le coach de l'une des autres cavalières. Nous disposions cette année d'un entraîneur national dont le rôle était de garantir un niveau technique dans le groupe, ainsi que d'y encourager une certaine cohésion. Le savoir-faire de Christophe Boisson en la matière n'était plus à prouver compte tenu de son grade d'adjudant de la prestigieuse Garde républicaine.
– J'adore ton blouson rouge, m'avait-il dit quelques semaines plus tôt. Mais il va falloir penser à avoir quelque chose qui colle un peu plus avec le CSI 5* de Lyon pour la finale, tu ne crois pas ?
Je m'étais alors tourné tout naturellement vers Laetitia et Clovis pour avoir une idée de ce à quoi Christophe faisait référence, ma culture vestimentaire étant alors réduite au strict minimum. Clovis a tout d'abord accepté

de me prêter une veste de concours à trois boutons comme on en trouvait, semble-t-il, chez n'importe quel revendeur. Le samedi de la finale, j'ai reçu un appel de Laetitia qui disait avoir une surprise à me faire, en me demandant de la rejoindre dans l'un des petits salons où on rencontrait surtout des cavaliers internationaux. Il s'agissait de la loge réservée par l'équipementier GPA que je savais être un mastodonte du milieu, comptant par exemple Michel Robert au nombre de ses cavaliers. Les présentations faites, et après une conversation portant sur mes résultats cette saison et mes objectifs pour la suite, il a été question du matériel que je portais et de ma taille de casque. Je ne comprenais pas où on voulait ainsi m'emmener, jusqu'à ce que je me voie remettre un modèle Speed Air noir flambant neuf avec un grand sourire et quelques mots d'encouragement auxquels je ne me serais jamais attendu : « Bienvenu dans l'équipe. » GPA est ainsi devenu, et demeure aujourd'hui, le plus ancien de mes partenaires sportifs.

Le grand jour est arrivé. De toute ma vie, je ne me souvenais pas avoir dû me mettre à cheval aussi tôt. Equita Lyon s'éveillait à peine et nous avions certainement interrompu le sommeil des chevaux en arrivant. Alexandra s'est avancée vers la barrière qui s'ouvrirait dans quelques secondes.

– Si tu voyais ça, Salim… C'est gigantesque.

– S'il voyait en même temps, lui a répondu José égal à lui-même, c'est toi qui serais pas là !

J'ai souri sans détacher mon attention de la voix du célèbre *speaker* de ce concours, Yannick Bichon. D'ici quelques minutes, Ivoire et moi serions à nouveau en piste.

Je n'ai pas remporté la Coupe de France cette année-là. Notre premier parcours nous a placés dans de belles dispositions, mais le second sur lequel se jouait la victoire nous a coûté deux fautes alors que je n'aurais eu droit qu'à une seule. Nous nous sommes donc inclinés au profit d'Ophélie, redescendue au cours de la saison dans notre catégorie avec l'accord des instances fédérales.

Alors que la remise des prix prenait place sur la grande piste internationale, nous étions quelques autres à en goûter la rumeur depuis le paddock d'entraînement, étant donné que seuls les gagnants de la Coupe des trois catégories étaient appelés. Je repartirais donc en *outsider*, perçu par le public comme cet excentrique petit jeune venu tenter sa chance sur son poney Fjord. Cette deuxième place était un échec pour moi qui avais tant espéré la victoire, mais elle me donnait par la même occasion une motivation encore décuplée pour triompher à l'avenir.

Si je tirais une leçon de 2008, c'était que je devais absolument apprendre de mes erreurs pour prendre un nouveau départ. Au lycée comme à cheval, cela m'a notamment été primordial pour m'armer face à la bêtise humaine, dont l'inventivité ne tarissait pas. Au lycée, j'ai goûté à la pire de mes humiliations face à un enseignant de physique qui, suite à une erreur de sa part dans la transmission d'un devoir, a gravi les échelons de la colère en allant jusqu'à affirmer que je feignais ma cécité et que les efforts qui lui étaient demandés pour moi étaient inadmissibles. J'ai à cette même période eu vent d'une rumeur selon laquelle j'aurais pris l'habitude de tricher aux examens, cette dernière étant motivée par le fait que mes professeurs se trouvaient dans l'incapacité de vérifier par-dessus mon épaule ce qu'affichait mon ordinateur braille. Les exemples ont malheureusement été légion depuis, d'autant plus face à l'hypocrisie de l'équipe de direction qui se bornait à donner raison aux enseignants sans prendre la mesure de la pression que je vivais au quotidien.

J'avais le sentiment de vivre sous une double identité. D'une part, il y avait le héros de la lumière, ce cavalier qui engrangeait enseignements et maturité à vitesse grand V en se nourrissant de sa passion, derrière lequel se cachait le lycéen qui peinait à se livrer aux autres et n'était vu que d'un œil suspicieux par ses professeurs.

Loin de me confier à quiconque sur la survenue brutale de ma cécité, j'ai au fil du temps appris à la consigner elle aussi en plein cœur de ma forteresse de solitude.

C'est en entrant en terminale qu'un petit rayon de soleil a été assez puissant pour percer toutes les couches nuageuses du quotidien. J'avais eu le plaisir, en 2008, d'être invité à la journée portes ouvertes de l'école de chiens-guides de Mérignac afin de témoigner de mon activité aux côtés d'autres sportifs régionaux. J'avais saisi l'occasion pour déposer ma demande d'un chien-guide, en pleine connaissance des délais considérables pour que celle-ci aboutisse. Il a fallu une année avant que je ne reçoive de leurs nouvelles. Plusieurs séjours sur place sont nécessaires, allant de pair avec des entretiens, essais et questionnements, avant de bénéficier d'un chien-guide pour de bon. J'ai rencontré la mienne alors qu'elle était en liberté, sans laisse ni collier, et suivait scrupuleusement son éducatrice.

– C'est Calypso, m'a-t-elle expliqué. Ma petite blonde est prête à faire son boulot !

Comme il est de coutume, j'ai eu l'occasion de marcher aux côtés de plusieurs chiens de caractère, morphologie ou force variables. Et ma préférence est très vite allée à Calypso, qui est officiellement devenue mon chien-guide en début de terminale. Les premiers jours ont été des plus étranges. Autrefois silhouette anonyme, certains élèves ont découvert mon existence à ce moment-là. Pour ma part, je me suis immédiatement senti entre de bonnes pattes. Le bénéfice sur ma fatigue en fin de journée a été immédiat et pour le dire simplement, j'avais toujours quelqu'un avec moi. Les enseignants eux-mêmes ont fini par prendre l'habitude de voir un labrador blond les fixer avec intensité les cinq premières minutes de cours avant d'être gagné par un profond sommeil ponctué de ronflements. Au fond, la différence a été dans la considération globale des personnes que je croisais jusque dans la rue, qui, plutôt que de se demander ce que sont les mille et une règles à connaître pour aborder un aveugle dans la rue, ont rapidement eu tendance à me vanter les beaux yeux au contour crayonné ou la jolie truffe toute rose de ma petite blonde. J'avais dès lors mon petit morceau de soleil qui dissipait à sa manière ce qu'il y avait d'obscur dans ma vie.

Après une autre deuxième place en 2009, je suis entré dans une année de raison. Face à l'échéance du bac, j'ai choisi de réduire les déplacements auxquels j'étais maintenant habitué pour courir les nombreuses étapes. Accompagné par mon beau-père, je me suis présenté à la première épreuve du bac de la session de juin 2010. Au signal du surveillant, installé derrière ma table individuelle du fond de la salle et devant mon ordinateur vierge prêté par l'Éducation nationale, j'ai fait une ultime caresse à ma jolie princesse avant de poser les mains sur le sujet en braille.

Quelques semaines plus tard, j'ai connu l'inquiétude de tous les lycéens qui attendent leurs résultats. Ma mère était à mes côtés. D'elle ou moi je n'aurais su dire qui angoissait le plus.
— Mais c'est où ?, demandait ma mère.
— Là, je peux pas t'aider...
— Bon. Pas d'inquiétude, tout ira bien.
Sous un petit préau un peu plus loin, un groupe semblait s'intéresser à quelque chose. Certainement les résultats.
— C'est bon, m'a-t-elle dit. C'est là !
Son regard est passé d'une feuille à l'autre au prix de plusieurs coups d'épaule.
— Mais attends, je... Je te trouve pas... Tu y es pas je crois... Ah... Ah si attends...
Son doigt a lissé la feuille, comme pour suivre une ligne. Une fois, une autre, encore une...
— Ah ! Non j'y crois pas ! Ah !
— Mais quoi ?
— Tu l'as avec mention !
L'obtention de mon bac a eu le mérite de rendre ma mère fière et de signer une sorte

d'accord entre mes parents et moi. Ils avaient la preuve ultime que j'avais effectivement fait de mon mieux pour m'en sortir, en sachant concilier compétitions et entraînements avec les études. Je savais profondément que le bac faisait partie de ces étapes importantes sur lesquelles ma mère comptait d'autant plus depuis mes débuts mouvementés dans l'existence.

J'avais plusieurs pistes pour l'avenir, mais aucune d'elles ne me satisfaisait pleinement et je savais que je n'aurais pas un parcours classique ni simple. La profession d'avocat m'intéressait, d'autant plus après un incroyable stage de troisième en région parisienne aux côtés de maître Vergonjeanne. Les quelques exemples autour de moi me laissaient toutefois pressentir qu'il me faudrait interrompre ma pratique sportive le temps de mes études, et c'était au-dessus de mes forces. Le journalisme me posait le même problème. Mon choix s'est finalement orienté vers la kinésithérapie, et un centre de formation basé à Limoges. C'était d'une part l'occasion d'apprendre autour de la santé et du sport, d'autre part de quitter le nid familial. D'ancien soigné, je me voyais futur soignant. Nous avons alors trouvé un appartement face à l'institut de formation, et Caly et moi avons pris nos quartiers allée de la Cornue. En contradiction avec mon parcours jusque-là, cet établissement était spécialement conçu à l'attention des personnes présentant un handicap visuel. Une part de moi regrettait de devoir en passer par là, mais s'agissant de santé et de mes futurs patients, il me semblait plus sage d'être certain de ne passer à côté de rien.

Chapitre XII

Une équipe d'enfer

Pour la cinquième fois de la journée, je fais mon entrée dans le box de Rapso. Par ses quelques regards vers l'extérieur, il me semble qu'il a compris que le moment est venu de nous préparer pour y aller. La brosse en main pour bouchonner la moindre poussière imaginaire qui aurait survécu par miracle, je savoure chaque seconde de ce dernier moment sans caméras ni agitation. J'ai laissé ma nervosité à l'extérieur, de même que le tumulte des spectateurs qui affluent en nombre pour cette fin de journée. Alors que je lui gratte la crinière, je sens sa tête peser contre moi et j'imagine son œil se fermer à demi.

Je pose à nouveau son équipement à mon champion, puis vient mon tour de me préparer. Je mets ma veste airbag et j'installe la caméra embarquée sous la visière de mon casque.

Moi qui d'ordinaire raconte ma vie à mon cheval, à pied ou en selle, je me surprends à rester plutôt silencieux. De cette même manière, il s'efforce de tourner à chaque instant la tête vers moi en délaissant ses autres occupations habituelles. Nous appréhendons tous les deux, mais nous sommes ensemble. Alors avant de gagner l'extérieur, je presse mes paumes contre son encolure en respirant le plus calmement possible, m'autorisant une ultime décontraction avant de plonger dans un flot d'émotions. Tout ira bien, je suis avec mon champion.

*

Je suis rapidement devenu un habitué du TER entre Limoges et Bordeaux que je rejoignais chaque week-end pour poursuivre l'entraînement. En effet, le retour de Tiffany en cours d'année a scellé la renaissance de notre équipe en compétition. Comme pour nous confirmer ce que nous pouvions espérer, notre toute première sortie à Lyon en 2010 s'est soldée par la victoire de l'épreuve. Je n'avais toutefois qu'une seule autre sortie à mon actif cette année, ce qui était bien insuffisant pour prétendre au classement de la saison, mais les cartes seraient redistribuées en 2011.

Nous, cavaliers handisport, avions la chance depuis 2008 de compter sur une association œuvrant pour l'appui et la promotion du saut d'obstacles et du dressage handisport. Nommée Handi Equi' Compet, elle entretenait des liens privilégiés avec nos deux fédérations de référence, la Fédération française d'équitation et la Fédération française handisport. De plus, elle fournissait aux cavaliers un appui logistique et financier pour permettre à tous de participer dans les meilleures conditions. Un représentant des cavaliers était élu lors des assemblées générales où un bel esprit de rassemblement et d'amitié permettait aux nouveaux arrivants de rencontrer tout le monde. Le CSO comptait tout particulièrement sur son action, étant donné sa situation singulière en termes de reconnaissance. En effet, le para-dressage était et reste à ce jour la seule discipline équestre handisport reconnue à l'international. Contrairement à elle, le para-CSO n'est donc pas représenté aux Jeux paralympiques. Ce simple fait a été à l'origine de funestes et difficiles conséquences pour l'avenir de la discipline. Nous attendions par exemple chaque année la réédition du règlement du circuit, continuellement remis en question par un flou technique sur l'instance fédérale qui en était réellement en charge. Quelques pas en avant ont été faits, avec notamment plusieurs concours amicaux internationaux où nous étions rejoints par nos amis anglais, irlandais, allemands, belges et italiens, où a été mis en place un éphémère véritable processus de classification destiné à certifier que la nature du handicap du cavalier justifiait sa participation. Devant la situation particulière du para-CSO, certains cavaliers ont soit fait le choix de pratiquer pleinement les deux disciplines comme José Letartre, soit de mettre leurs efforts au service d'une quête de résultats et de médailles dans le para-dressage. Telle a plusieurs fois été la suggestion de divers officiels en réponse à mes demandes de précisions quant à l'avenir, mais ne leur en déplaise, c'était bien d'obstacle que je me passionnais. Y compris lorsque les choses semblaient simples et paraissaient fonctionner, les rumeurs de mésententes haut placées et de quelques anciens conflits ont fini par me laisser croire qu'ici encore, le cœur de nos efforts serait un jour ou l'autre pollué par les à-côtés, et que les coulisses de notre sport étaient de taille à lui nuire dans la lumière.

De nombreux changements avaient eu lieu entre nos débuts et nos retrouvailles. D'abord, le Championnat de France du Jumping de Bordeaux n'existait plus depuis une décision des instances responsables en 2009, au grand désespoir des cavaliers. Ensuite, la Coupe de France avait été renommée « Circuit para-CSO », avant de devenir plus tard « Circuit d'excellence para-CSO » pour des raisons tout aussi troubles. Nous gagnions en revanche du galon sur le plan de la visibilité et de l'accueil, comptant plusieurs nouveaux concours sur notre route. Notre habituel passage à La Baule se ferait maintenant sur le légendaire CSIO aux côtés des plus grands cavaliers du monde et le circuit compterait en 2011 une grande majorité de concours internationaux avant de se conclure sur notre très chère piste lyonnaise. En plus de pouvoir compter dorénavant sur Tiffany, je n'aurais plus à m'inquiéter de trouver des montures au pied levé puisque le club acceptait de mettre Ivoire à ma disposition. Enfin, notre équipe gagnait même un membre avec l'arrivée à nos côtés de la jeune Constance Coubris et de Linda, son poney Connemara. Sous le coaching désormais régulier de Tiffany, Constance et moi nous sommes préparés à prendre le départ dans nos catégories respectives qui étaient désormais au nombre de cinq, et dont le niveau le plus bas à 70 cm était réservé aux cavaliers non-voyants guidés par un second cheval. Constance quant à elle ferait ses débuts au niveau du dessus à 80 cm pour prendre au mieux ses marques sur les terrains techniques des diverses étapes. Je ne pouvais réprimer ma déception à l'idée d'être passé de nos hauteurs précédentes à des obstacles rabotés de 20 cm, mais ce n'était qu'une question de temps et le prix à payer pour rassurer les officiels qui nous accueillaient. Je touchais du doigt un avenir qui avait tout pour me plaire.

Tiffany a rapidement pris le rôle de chef d'orchestre en tenant compte de ma cécité ou de l'hémiplégie de Constance. Chacun aidait à sa mesure. De manière très généreuse, Constance a accepté de me prêter Linda afin qu'elle serve de cheval guide à Tiffany. Nous avons donc inauguré notre toute nouvelle équipe lors de l'édition 2011 du CSIO de La Baule, entre les meilleurs mondiaux s'affrontant sur la Longines Coupe des Nations ou encore le traditionnel derby du samedi. J'avais remisé mon blouson rouge depuis longtemps, et j'étais fier de porter désormais avec mon casque GPA l'iconique veste Grand Prix de la marque. Du chemin avait été parcouru. Ivoire n'était pas mon cheval, mais j'avais au moins une équipe régulière, et ma propre selle.

Ivoire suscitait toujours un effet intéressant sur le public et les curieux de passage. On ne voyait jamais un poney de son genre, d'origine inconnue qui plus est, fouler de prestigieuses pistes internationales telles que Lyon ou La Baule. Quelques heures avant de nous lancer sur la finale du circuit 2011, un père et sa jeune fille sont venus me voir pour savoir si ce petit poney tout mignon était là pour les balades dans le salon, ce à quoi j'ai répondu qu'il n'était pas contre une caresse pour l'encourager avant son épreuve. Admettons-le, j'étais loin d'être crédible face à tous ces cavaliers dont les chevaux étaient d'un tout autre profil. Qu'importait l'apparence, moi j'y croyais.

Nous sommes arrivés à Equita avec quelques points d'avance et la tête provisoire du circuit. De son côté, Constance menait elle aussi bien sa barque suite à plusieurs victoires obtenues durant l'année. Elle a été la première à achever sa saison en se positionnant sur la première marche du podium dans sa catégorie quelques minutes avant notre passage. À notre tour, nous avons déroulé un premier parcours sans faute avant d'être imités par Ophélie, désormais guidée par Alexandra. Nous devions être départagés au barrage, à savoir un parcours réduit dont le but est d'être les meilleurs au chronomètre. Nous n'avions pas encore vraiment l'habitude de nous lancer ensemble sur ces formats, mais Toof, les chevaux et moi nous connaissions par cœur.

— Écoute-moi, m'a dit Toof. On va pas enfiler des perles ce coup-ci. Tu me suis bien, on va tourner court et on relance dans les lignes.

— D'accord.

— Pour le dernier, on va passer côté intérieur de l'obstacle qu'on a contourné sur la première manche. On sera de biais sur l'avant-dernier, et très de biais sur le dernier. Reste présent jusqu'au bout surtout, OK ?

Ma réponse s'est perdue dans l'accueil du public alors que la barrière s'est ouverte devant nous. Motivée comme jamais, Tiffany m'a précédée au galop et j'ai plongé dans ma bulle avec un seul et unique objectif à l'arrivée, la victoire.

– On y va mon bonhomme. Cette fois elle est pour nous.

Prenant le risque d'échouer au tout dernier obstacle au bénéfice d'une courbe serrée, nous sommes enfin parvenus à l'emporter en tenant bon jusqu'au bout. Cette ligne franchie sans faute a été pour moi un vrai torrent d'adrénaline, une joie partagée avec l'assistance. Chacun dans le groupe avait la mémoire de ce qu'avaient été mes résultats jusque-là, personne n'ignorait donc ce que signifiait cette victoire à mes yeux. Sans savoir à qui je m'adressais, je répondais avec émotion aux félicitations en revenant vers les écuries où nous comptions bien fêter dignement le carton plein de l'équipe tout entière. Je crois avoir compris à cet instant exact jusqu'où allait le profond engagement que Tiffany avait pris à mes côtés une éternité auparavant, et qu'elle honorait plus que jamais aujourd'hui.

Mais comme bien des fois dans ma vie, ma soif de victoire ne s'est trouvée étanchée que pour une courte durée. Nous avions trouvé nos marques et accumulions les résultats, tout en faisant parler de notre improbable équipée du Sud-Ouest. Ivoire a de plus manqué de quitter les écuries, appartenant toujours à une personne qui avait disparu sans laisser de nouvelles et qui souhaitait désormais en obtenir un peu d'argent, ce que mes parents et moi avons empêché aussitôt en faisant son acquisition. Nos habituels trajets en camion se transformaient en espace de confidences où nous refaisions le monde, Tiffany au volant, Constance à sa droite et moi à l'arrière. Des plus grandes satisfactions aux pires déceptions, du sport au boulot, tout y passait avec cet adage vite devenu règle d'or : « Ce qui se dit dans le camion reste dans le camion. » Nos emplois du temps respectifs entrant en ligne de compte, nous avons toujours fait de notre mieux pour nous trouver présents à suffisamment d'étapes pour avoir nos chances de remporter la victoire à la finale.

Chapitre XIII

Les choix d'une vie

Au signal de Tiffany, je donne une impulsion au sol de ma jambe droite et me hisse en selle avec son aide. Le paddock de détente est presque vide, Frances et son équipe d'organisation y ont veillé. Il est grand comme les deux tiers du terrain de concours et compte deux obstacles d'échauffement en son centre. Nous avons pris une trentaine de minutes avant la reconnaissance du parcours pour détendre aux trois allures ; l'habituel dernier échauffement avant d'entrer en piste.

– Tu es prêt, champion ?

Rapso est calme et attentif, sans toutefois cacher son énergie. Guidés de loin par Tiffany, nous attaquons la détente sur le plat, sans sauter, aux trois allures : pas, trot, galop.

Tout se passe à merveille. À cheval, rien n'est plus pareil. Je ne peux m'empêcher de sourire en apercevant tout ce monde massé autour du paddock, certains prenant peut-être conscience qu'un aveugle est en mesure de monter à cheval.

Tous les voyants sont au vert, et je réponds par l'affirmative à Tiffany qui me propose de commencer à détendre à l'obstacle. Une première croix passe sans encombre, quoique dans un rythme assez soutenu. Je retiens un peu plus sa foulée pour les sauts suivants, et à mesure que les hauteurs montent, je retrouve mes sensations. Au fond, ce n'est pas plus compliqué que de refaire ce que nous connaissons par cœur. *The show must go on*, comme on dit. Pour le reste, il m'appartient de réduire autant que possible l'impact du hasard sur notre performance. Mais pour lui rendre justice, je dois admettre que le hasard a parfois bien fait les choses en ce qui me concerne.

*

L'opportunité pour moi de concourir sur le CSIO de La Baule a été immense. Au-delà de la fierté sportive de fouler pour de bon la piste du mythique stade François-André, cela a été l'occasion de croiser des passionnés de tous les âges venus des quatre coins du monde. Nous n'étions plus désormais surpris de partager nos carrés de détente avec Pénélope Leprévost, Kevin Staut, Marcus Ehning ou Ludger Beerbaum, ou de répondre aux aimables félicitations de Bosty en sortant de piste. L'appui médiatique de la célèbre mais disparue Equidia Life a également servi l'un de nos grands intérêts en diffusant nos épreuves à l'égal de celles des meilleurs de la planète, sous l'initiative bienveillante de Pascal Boutreau. La sphère du cheval se rassemblait alors désormais aussi autour de nos échéances, allant jusqu'à encourager et débattre des favoris des uns et des autres.

En arrivant sur place en 2013, ma mère s'est mise en chasse du cavalier qui lui offrait un cadeau cher à son cœur, l'hymne national de notre très cher Maroc. Ainsi a-t-elle fait la connaissance de Abdelkader Maamar qui venait de remporter le CSI 1* du jour. Abdelkader a lui-même tenu à nous présenter une sommité du monde équestre en la personne du président de la Fédération royale marocaine des sports équestres, le prince Moulay Abdellah. Tous deux étaient ravis d'apprendre que j'avais déjà représenté le Maroc par le passé, et que j'entendais faire de même pour les prochaines échéances le permettant. De nouveaux liens qui me sont très chers se sont alors forgés ce jour-là.

Cette édition avait ceci de particulier que nous, cavaliers handisport, n'y avions pas la majorité du capital curiosité. Guillaume Canet comptait au nombre des concurrents et nous ne pouvions pas rivaliser avec ce retour inattendu à la compétition. L'année précédente, le film *Jappeloup* avait fait connaître au grand public la légendaire histoire du petit cheval noir et de son cavalier Pierre Durant, incarné par Guillaume Canet, jusqu'à leur sacre olympique de 1988 à Séoul. Vingt ans plus tôt et suite à une lourde chute, Guillaume avait laissé de côté sa prometteuse carrière de cavalier. Mais il avait finalement fait son retour lors du Gucci Masters de Paris en décembre 2012 et signait son deuxième événement en public à La Baule. Nous avons fait connaissance et il n'a pas hésité à me poser mille questions.

– Et donc, tu montes toujours avec ta guide devant toi à l'obstacle ?

– Pour être performants et précis, oui, lui ai-je répondu.

– C'est génial. Et tu ne voudrais pas simplifier les choses en étant juste guidé par une oreillette par exemple ? Ça pourrait te permettre d'aller plus haut, non ?

– Une oreillette me couperait trop des autres sons extérieurs pour que je me repère correctement, un peu comme si tu te cachais un œil. Mais on se gênerait moins sans guide, même si c'est beaucoup de boulot à mettre en place. Il faudrait qu'on s'y entraîne sérieusement.

– Je t'ai vu monter, m'a-t-il dit alors. Je suis certain qu'avec du boulot et le bon cheval, tu pourrais très bien y arriver.

Guillaume Canet venait de toucher étrangement juste. Le fait de continuellement monter à cheval en dépendant d'un guide qui me précède était pratique, mais avait aussi son lot d'inconvénients. D'une part, il y avait là une difficulté technique à gérer les fautes commises par le cheval précédant qui pouvait être de nature à gêner les abords ou réceptions du cheval à sa suite. Par ailleurs, il m'arrivait de nourrir l'espoir d'un jour être seul à la manœuvre, lié à mon cheval et à lui seul pour venir à bout de l'exercice. Peut-être avais-je même des ébauches d'idées quant à la manière, sans que rien ne soit encore conscient. Cette conversation avec Guillaume m'avait démontré, en toute simplicité, que lui était prêt à y croire.

J'achevais à cette même période ma deuxième année de kinésithérapie, soit la troisième à Limoges. J'alternais les stages en milieu hospitalier et les semaines de cours qui, au quotidien, me laissaient le même sentiment d'inachevé dans notre enseignement. J'avais eu en quelques occasions l'impression que la nature adaptée de l'établissement servait de paravent pour excuser ses dysfonctionnements. L'effet était d'accroître la dépendance des uns à la bienveillance des autres, en totale opposition avec la sacro-sainte autonomie prêchée à la première occasion dans le milieu spécialisé. Bien heureusement, nous avions la chance de compter plusieurs perles dans ce quotidien parfois complexe, parmi lesquelles le Dr Thierry Gougam, chirurgien orthopédiste et intervenant reconnu et apprécié.

J'étais sur l'un de mes lieux de stage lorsque j'ai reçu ce coup de téléphone. Je venais de me changer au vestiaire des étudiants et de récupérer Caly, et nous quittions le CHU Dupuytren pour passer ma courte pause déjeuner à mon appartement. C'était Guillaume, me disait-on. Instinctivement, j'ai pensé à un de mes amis cavalier handisport, mais ce n'était définitivement pas sa voix. Devant mon hésitation, il a précisé : « Guillaume Canet. » Je lui avais effectivement fait savoir que j'avais une proposition à lui soumettre suite à notre conversation à La Baule, mais j'étais très surpris qu'il me rappelle aussi vite et à ce moment précis.

– Que dirais-tu de profiter d'un CSI où on serait présent tous les deux pour me servir de guide sur une épreuve ?

C'était cette fois à son tour de rester silencieux. De toute évidence, il ne s'était pas attendu à pareille proposition.

– Moi ? Mais je ne saurais jamais faire un truc pareil !

Je ne me suis pas caché d'un rire franc et surpris. Si d'autres l'avaient fait, il avait lui aussi toutes ses chances.

– Écoute, m'a-t-il finalement répondu. Si on arrive à s'organiser pour s'entraîner une fois ou deux, c'est d'accord. Mais je ne garantis pas d'avoir le temps dans l'immédiat. Je te promets d'y penser.

C'était la meilleure réponse à laquelle je pouvais m'attendre. Je n'avais aucune date précise à l'esprit, j'espérais seulement de sa part un accord de principe. Dans la foulée, j'ai demandé à Tiffany d'assurer une ou deux séances d'entraînement pour lui donner les consignes nécessaires. Faute de disponibilités de la part de Guillaume et de la mienne, nous ne sommes jamais allés au bout de cette idée. Je n'aurais en revanche jamais osé imaginer où nous conduiraient ces conversations.

J'ai obtenu mon diplôme d'État de masseur-kinésithérapeute en 2014, après de nombreux déboires dont plusieurs coups au visage reçus par une collègue de travail en détresse psychologique. Plus que déçu de l'immobilisme du milieu spécialisé, j'étais outré de constater une fois encore qu'il avait offert les conditions les plus favorables à la survenue de pareils événements. Mais j'ai pu compter sur d'autres belles rencontres pour me soutenir, dont celle de mon ami Raphaël qui, après une carrière d'infirmier urgentiste et suite à une pathologie visuelle dégénérative, se reconvertissait dans la kinésithérapie. J'étais si surpris lorsque la note m'a été communiquée que j'ai dû demander à ma référente de me la répéter deux fois.

– Si, je vous assure, vous avez bien 17,5 !

Après un premier pas que j'avais fait vers l'avenir en m'installant à Limoges, je faisais maintenant un plongeon dans une vie qui serait enfin pleinement la mienne. J'avais toutefois un choix difficile à faire, celui de mettre mon champion à la retraite. C'était comme si tout ce qui représentait mes premières années d'adulte s'effaçait peu à peu.

Ivoire atteignait sa dix-huitième année d'une vie de cheval de club et demeurait en belle forme, ce qui pour moi correspondait au moment idéal pour lui permettre de profiter de la retraite en pleine possession de ses moyens. Je lui avais pour cela trouvé le parfait endroit, une pension près de Saint-Loubès où il partagerait son pré avec plusieurs autres retraités et de plus jeunes chevaux appartenant à des amis. Une très bonne amie de l'époque du lycée m'ayant par ailleurs déjà guidé en compétition, Alis, en assurait la gestion, et la surveillance était notamment garantie par Maylis qui vivait sur place. Il m'arrivait régulièrement d'accompagner les propriétaires de ces chevaux pour des après-midi de balades dans les environs, souvent ponctuées d'une longue galopade à fond de train en pleine nature. Le lieu était donc tout indiqué pour que mon champion soit heureux sans trop s'éloigner. Après concertation, nous avons décidé de l'y installer à l'été 2015, et de le mettre à la retraite des compétitions à l'issue de la finale d'Equita Lyon 2014. J'avais de plus le sentiment, au fil des derniers concours, qu'il y trouvait de moins en moins son compte. Il faisait le travail sans toutefois y démontrer le plaisir que je lui avais connu, ce qui a achevé de me décider. Mon petit cheval de rien a donc eu droit à de discrets adieux sur la prestigieuse piste lyonnaise, sous de merveilleuses paroles de mon ami Yannick Bichon :

– Vous les avez déjà vus gagner ici même à plusieurs reprises, et Ivoire a beaucoup donné depuis de nombreuses années. À Salim bien sûr, mais aussi à tous les autres cavaliers qu'il a connus pendant toute sa carrière de cheval de club. Pour ses dix-huit ans et devant vous toutes et tous, Salim tenait à lui offrir une belle retraite où je ne doute pas qu'il saura prendre soin de son champion. Alors faites-moi, faites-leur plaisir et raccompagnons-les comme ils le méritent. Bravo tous les quatre, et au plaisir de te retrouver, Salim, avec ta future recrue !

Désormais kinésithérapeute diplômé, j'ai officialisé mon retour à Bordeaux en m'installant dans un charmant deux-pièces à Mérignac. Professionnellement, le seul emploi que je me voyais prendre était celui qui m'avait le plus inspiré en stage, celui sur lequel j'avais rencontré le jeune homme qui a été mon cas clinique de mémoire et où travaillait alors un ami très cher, Rémi Barrière. Ainsi ai-je intégré les rangs de l'équipe de kinésithérapeutes de l'IEM d'Eysines en octobre 2014. Tout juste sorti de ma situation d'étudiant, et ayant maintenu mon activité de compétiteur, il me fallait désormais trouver le moyen d'assurer une digne relève à mon Ivoire. J'ai saisi l'occasion d'une échéance à laquelle cette dernière finale et sa deuxième place nous avaient qualifiés, les Masters para-CSO du Salon du Cheval de Paris, pour faire l'essai d'une monture que j'estimais prometteuse. Les choses n'ont toutefois pas pris cette tournure suite à divers conseils de mes proches. Je manquais malheureusement de pistes sérieuses, et je me voyais déjà devoir recommencer à louer des chevaux au pied levé pour mener ma saison 2015. Dans ces conditions, il me serait impossible de satisfaire à mes ambitions de progrès et d'évolution, notamment en rejoignant les cavaliers valides sur les concours amateurs. Finalement, l'aide dont j'avais besoin est venue de là où je ne l'aurais pas attendue.

Chapitre XIV

Rapsody

Nous réceptionnons un ultime saut sur l'oxer de détente lorsque résonne la cloche annonçant l'ouverture de la reconnaissance. Je saute à terre, confie mon champion à Camille et saisis l'épaule de Toof pour rejoindre l'entrée du terrain.

Les concurrents font tous leur entrée au cœur de cette grande piste, Tiffany et moi à leur suite. La reconnaissance nous permet de découvrir à pied le tracé de l'épreuve, de nous plonger dans les diverses courbes que je reproduirai plus tard à cheval, mais aussi de compter les foulées à effectuer dans certaines lignes. L'obstacle numéro cinq est même un double, c'est-à-dire deux obstacles séparés d'une seule foulée de galop. Ironiquement, c'est bel et bien à moi de guider mon cheval sur le tour, car le règlement précise que ce dernier ne doit pas savoir à l'avance ce qui l'attend sur la piste.

En plus des obstacles, Tiffany m'indique à nouveau les quelques repères visuels qui pourraient cueillir le regard de Rapsody, comme le grand écran au fond du terrain, le Land Rover stationné au centre du parcours ou l'agitation des tribunes.
— Tu feras attention au numéro deux, me dit-elle. C'est un naturel assez fourni en fleurs, il va peut-être hésiter un peu sur celui-là.
De temps à autre, elle répond aux signes de notre équipe venue en nombre pour assister au parcours et participer en me guidant. Au micro de Yannick Bichon, Marc Maury et Matt Millin, les trois *speakers* de l'événement, les stars mondiales se relayent, qui prendront bientôt le départ de cette épreuve. Je partage ici leur reconnaissance, c'est notamment pourquoi les obstacles sont pour l'heure à la hauteur vertigineuse de 1,50 m, et ne seront abaissés que dans quelques minutes pour mon passage. Rompant sa

propre concentration l'espace d'un instant, Philippe Rozier nous gratifie de quelques mots d'encouragement en venant chercher des précisions auprès de Tiffany quant à l'obstacle sur lequel il devra me guider tout à l'heure. Pour ce champion olympique comme pour Guillaume la première fois, je réalise qu'il semble presque plus nerveux à l'idée de me servir de guide que de dérouler un parcours à ces hauteurs incroyables.

*

Ma vie était comme une toile vierge sur laquelle je pouvais projeter la liste de mes défis. À l'équitation est venu s'ajouter le pilotage d'avion, par exemple. Organisé dans le plus grand secret par ma mère, j'avais vécu quelques années plus tôt mon baptême de l'air en compagnie de Patrice Radiguet, le fondateur de l'association Les Mirauds Volants qui fournit et adapte l'apprentissage du pilotage aux personnes aveugles et malvoyantes. Je ne pouvais m'empêcher de repenser à ce jour où, enfant, j'avais annoncé avec fierté à ma mère que je deviendrais pilote d'avion, ce à quoi elle m'avait répondu non sans une certaine ironie que ce jour-là, elle ne monterait jamais avec moi. J'avais accumulé une petite quinzaine d'heures de vol en tant qu'élève pilote, et nous avons saisi l'occasion d'un stage organisé à l'aéro-club de Saintes pour atteindre mon rêve. La procédure avait été la même, j'avais comme d'ordinaire suivi les indications sonores et vocales du Sound Flyer branché sur mon casque pour nous mener au cap et à l'altitude prévus, avec cette fois ma mère et ma petite sœur en place arrière du Robin DR400 d'instruction. Après un vol au-dessus de Fort Boyard, je n'ai pas résisté à faire remonter un vieux souvenir :

– Alors tu vois, ai-je dit à ma mère, j'ai quand même réussi à te faire monter dans mon avion.

Cette envie de voler traduisait toute la nouveauté et l'approfondissement que j'entendais apporter à mon quotidien. Dans cet esprit, je comptais largement sur le successeur d'Ivoire pour ajouter d'autres cordes à mon arc équestre.

L'idée a germé en moi peu après la finale 2014. À cette période, la chaîne TV

Equidia Life proposait une campagne de promotion de quelques projets sélectionnés pour leur apporter son soutien, ce qui m'est apparu comme l'occasion d'ajouter un peu de visibilité à ma discipline. Dans ce cadre, Pascal Boutreau m'a permis de faire connaître ce projet au cours d'une interview en direct quelques minutes avant l'étape Coupe du monde du Jumping international de Bordeaux 2015, une véritable aubaine en termes de visibilité. Les précieux partenaires qui avaient fait le choix de me suivre se sont eux aussi associés à l'aventure. Après GPA, le sellier CWD s'est intéressé à moi en 2011 en me permettant de bénéficier d'un matériel identique aux tout meilleurs du monde. J'avais par ailleurs tenu à me rapprocher de Cambox Horse, le premier fabricant de caméras embarquées dédiées aux sports équestres. Ce coup de téléphone aurait déstabilisé n'importe qui, mais mon argument premier auprès d'eux s'est résumé en une simple phrase : « Je veux permettre aux gens de voir ce que moi je ne vois pas. »

Au-delà de mon seul projet, cette émission en direct nous a réunis autour d'un vrai message pour l'avenir en ne cachant pas nos espoirs d'évolution de la discipline. Nous avons eu plaisir à rappeler que divers concours internationaux tels que Chevillon, Bordeaux, Lyon ou La Baule ouvraient leurs bras aux nations étrangères, faisant des compétitions para de véritables rencontres internationales. Nos épreuves de La Baule revêtaient même un caractère de test dans le sens où nous y étions observés par la Fédération équestre internationale afin de décider des meilleures suites à donner à la discipline. J'étais plein de cet espoir en l'avenir du sport, et on me prouvait de fort belle manière que je n'étais pas le seul à croire en ce dont j'étais capable. J'ai ainsi achevé ma première expérience d'un plateau en direct aussi vidé qu'après avoir couru une finale, mais infiniment satisfait.

La véritable surprise est arrivée le lendemain, sous la forme d'un message sur les réseaux sociaux. Un certain René Lopez me contactait suite à mon intervention en me faisant savoir qu'il avait peut-être de quoi m'aider. Il existe bien un René Lopez, cavalier colombien de très haut niveau, mais l'idée qu'il puisse s'agir de cette même personne ne m'a alors pas même effleuré l'esprit. C'est pourtant bien le champion international que j'ai joint au téléphone. René et moi nous sommes parlés à plusieurs reprises. J'étais à chaque fois subjugué de ressentir combien il y croyait et avait à cœur de m'aider, jusqu'à ce jour où Tiffany et moi avons pris la route pour rencontrer, d'après René, mon futur cheval.

– Viens me voir avec un van, m'a-t-il répété. Tu viens essayer mon cheval, et s'il te convient tu repars avec.

Il nous a fallu deux trains et une voiture de location pour arriver jusqu'à ce petit village de Lorraine où sont installés René, son épouse et sa fille Léa. Bien qu'animé d'un véritable espoir, il ne s'est pas passé une minute au cours du trajet sans que je ne me demande ce que j'étais en train de faire et dans quelle folie j'entraînais ma coach. Nous étions en mars, la saison de concours commençait deux mois plus tard à La Baule, et plutôt que de chercher docilement parmi les chevaux de la région, voilà que je traversais la France à la recherche de la perle rare.

L'histoire nous a été contée en arrivant. La fille de René possédait un petit cheval belge, Rapsody Relais Pachis, à qui elle tenait précieusement. Sur le point de poursuivre ses études dans une autre ville, il lui serait impossible de l'assumer dans son nouveau quotidien. Par ailleurs en dessous du niveau des autres chevaux du piquet du Colombien, elle craignait que Rapsody ne soit écarté par manque de temps des uns et des autres, bien qu'il soit au meilleur de sa forme. Personnellement touchés par ma situation, ils ont choisi de me présenter celui qui, d'après eux, était le cheval idéal pour mes objectifs. Alors que Tiffany était en selle pour se faire un avis, Léa et moi avons échangé autour de son histoire, ses préférences et nombreux points forts. Son émotion était palpable alors qu'elle me faisait partager tout ce qu'elle avait vécu avec lui. J'étais face à quelqu'un qui aimait profondément son animal, ce qui ne pouvait m'inspirer qu'une grande humilité. Mon tour est ensuite venu de prendre place en selle. Rapsody avait tout pour me plaire. Il n'était pas trop grand et avait une foulée moyenne, ce qui était le parfait compromis après les foulées poney d'Ivoire. J'ai immédiatement été impressionné par le degré d'écoute qui accueillait toutes mes demandes. Je sentais qu'il me jaugeait autant que je l'évaluais, et nous nous appréhendions chacun avec une grande bienveillance. La détente ayant déjà été réalisée par Tiffany, je n'ai eu qu'à prendre mes repères avant d'aborder le travail sur un petit obstacle isolé sur la piste, soit l'abord le plus simple qui puisse être pour moi. Guidé à la voix par Tiffany et sur les conseils de René Lopez, j'ai emmené Rapsody sur quelques barres jusqu'à 1,05 m, au moins 10 cm de plus que ce qu'Ivoire et moi avions franchi ensemble. L'exercice le plus compliqué a été de ne pas succomber à son charme pour conserver le peu d'objectivité qu'il me restait. Tout jusqu'à son mouvement à l'obstacle me correspondait parfaitement.

– J'adore ta position, m'a lancé René au dernier passage. C'est génial que tu arrives à accompagner ton saut comme ça !

Comme pour me contraindre à rester raisonnable, je me suis efforcé de ne pas me focaliser sur Rapsody malgré tous les signaux encourageants que j'ai reçus à cet instant. J'ai eu beau essayer quelques autres chevaux avant et après lui, aucun ne tenait la comparaison. René n'avait par ailleurs rien fait pour m'y encourager, m'envoyant même sur le chemin du retour une photo de Rapso accompagnée d'une brève description : « Ton cheval. »

Le Jumping de La Baule avait fini par devenir notre principal objectif de résultats en restant à cette période le seul concours que nous n'étions pas parvenus à remporter. En cause, les gigantesques dimensions du stade François-André qui posaient problème aux poneys dont nous disposions jusque-là. Nous avions cependant pour 2015 un atout non négligeable avec l'arrivée de Rapsody à mes côtés. Malheureusement, il s'agissait aussi du premier concours depuis quelques années qui se faisait sans Constance, qui a quitté les écuries quelques semaines plus tard. Pour l'occasion, Tiffany chevauchait Quamiro, son tout premier cheval acquis récemment. Si nous tirions parti de nos montures, nous avions en main toutes les raisons d'espérer la victoire.

Représentant les couleurs marocaines que j'arborais jusque sur mon magnifique casque offert par GPA à cet effet, nous avions face à nous Ophélie et sa jument qu'elle connaissait par cœur ainsi qu'une guide performante, et Damien Paumier guidé par sa sœur en selle sur leurs deux chevaux. Je croyais très fort en Rapso bien qu'il ne soit arrivé à mes côtés qu'un mois plus tôt. Nous étions là sur notre tout premier concours et celui-ci serait déjà rediffusé en direct par Equidia Life, cette même chaîne qui avait permis notre rencontre. Un parcours préparatoire nous a permis de présenter la piste aux deux chevaux qui la découvraient l'un comme l'autre. Au terme de quelques fautes sous un climat pluvieux, nous avons remis les compteurs à zéro pour le Grand Prix qui seul comptait pour nous départager.

Je n'ai pu m'empêcher de sourire en entendant les quelques mots d'encouragement de René Lopez en entrée de piste, puis l'accueil chaleureux de Yannick Bichon au micro qui présentait avec expertise la situation au public. Quamiro nous a alors fait une petite frayeur en refusant d'approcher l'obstacle numéro 1, manifestement impressionné par sa proximité avec le bord de piste et les tribunes. Finalement, à quelques secondes des limites du temps imparti pour prendre le départ après la sonnerie de la cloche, nous nous sommes lancés sur ce parcours dans ce qui était ma septième tentative de victoire sur cette piste. J'étais étonnamment détendu, et pleinement confiant dans mon équipe. Peu habitué à être guidé par un autre cheval, Rapso se comportait au mieux et parvenait à garder ses distances pour ne pas être gêné. Je me suis surpris à avoir, en franchissant la ligne d'arrivée, une profonde pensée pour mon grand-père disparu quelques mois plus tôt et pour ce genre de moments que j'aurais voulu pouvoir partager avec ce grand homme du sport. Nous avions déjà réalisé ce pour quoi nous étions venus, à savoir le parcours vierge de toute pénalité. En revenant au paddock, les résultats sont tombés. Ophélie avait quatre points de pénalité pour une barre, et Damien était lui aussi sans faute. D'après le barème réglementaire, nous devions donc nous départager au barrage. Le duel face à Damien désignerait le vainqueur. Nous savions pour l'avoir repéré qu'une option courte pouvait nous faire gagner quelques précieuses secondes sur ce parcours réduit, mais cette audacieuse tentative n'était pas des plus sages pour notre jeune équipe. Nous avons alors décidé de présenter un parcours propre, sans pour autant nous lancer à la poursuite du chronomètre. C'est du moins ce qui a été convenu dans un premier temps, avant que Tiffany ne m'avertisse de son changement de plan en entrant en piste :

– Laisse tomber, m'a-t-elle dit alors. On joue, on y va.

Plutôt que de prendre le petit galop pour relancer dans la dernière courbe avant le premier obstacle, nous avons d'emblée imprimé un rythme supérieur. Damien et sa sœur venaient de quitter la piste avec un chronomètre rapide, et ils avaient pris l'option à laquelle nous renoncions. La seule solution que nous avions alors était de couper toutes nos courbes et de ne pas perdre de temps en chemin. Du temps avait passé depuis notre tout premier concours ensemble, et Tiffany avait dans l'œil les trajectoires idéales. Nous avons alors donné le maximum d'un bout à l'autre jusqu'à franchir sous quelques hurlements la fameuse ligne d'arrivée. Ma bulle habituelle s'est dissipée, et un cri parmi d'autres a attiré mon attention. Yannick me le confirmait depuis le micro : « Eh oui ! C'est plus vite ! » À six dixièmes de différence, nous venions de remporter cette victoire marocaine que je me suis empressé de dédier à mon grand-père au micro de Pascal Boutreau venu nous questionner en sortie de piste.

De toutes les manières possibles, Rapsody a prouvé combien il était fait pour l'emploi. Après cette victoire à La Baule, nous avons remporté le concours de Bourg-en-Bresse en recevant même les compliments de Pénélope Leprévost depuis le bord de piste. Nous trouvions de nouvelles marques, et nous étions sur une pente sportive favorable. C'est malheureusement à cette même période qu'un insupportable conflit entre une poignée de cavaliers et la Fédération française d'équitation a conduit cette dernière à réduire à néant les efforts accomplis jusqu'ici en annulant purement et simplement le circuit en cours dès le mois de juillet. En termes simples, notre discipline disparue a fait dès lors une trentaine d'orphelins, à l'impuissant dégoût de ses premières victimes et de nos supporters. Quelques mois plus tard, nous saurions tirer profit de la situation pour réorienter notre travail vers l'élaboration d'une méthode de guidage à la voix qui constitue aujourd'hui le cœur de ma pratique, mais la période nous laissait à tous l'amertume d'une sensation de gâchis. Pour ajouter à cela, Rapsody a été victime lors d'une séance d'entraînement en septembre d'une blessure à l'épaule qui nécessiterait des soins et une convalescence de plusieurs mois. J'ai alors entamé la plus profonde traversée du désert qu'il m'ait été donné d'endurer.

Chapitre XV

Mon vieil ami

Je regagne le paddock en laissant derrière moi la rumeur des tribunes. Une partie de moi s'aventure à comparer ma situation d'aujourd'hui à ce qu'elle a été, ne serait-ce que l'année dernière à la même période. Une profonde amitié me revient aujourd'hui. Lui et moi avons tant partagé. Et dans une certaine mesure, je sais que rien de ce que nous ferons aujourd'hui n'aurait été possible sans mon vieux copain. Mais penser à lui revient aussi à me replonger dans une des journées les plus difficiles de toute ma vie.

*

Quelques semaines avant ce jour de décembre 2015, j'apprenais que Tiffany avait accepté une offre d'emploi loin de nos habitudes à Blanquefort, ce que j'avais accueilli avec pragmatisme. Ce que nous avions fait là-bas, nous pouvions le refaire auprès de Sébastien Magis à Bayonne. Alors dans une période moralement compliquée suite à l'interruption du circuit handisport en cours d'année, encore incapable de me faire cavalier pour Rapsody qui se remettait de sa blessure à l'épaule droite, et terrassé par d'interminables insomnies, j'aimais penser à Ivoire et à la paisible retraite qu'il coulait en belle compagnie dans un pré proche de Saint-Loubès, loin de l'agitation incessante qu'il avait connue comme cheval de club. Une belle conclusion à tant d'années de bons et loyaux services. Il était ce compagnon, ce seul ami qui avait fait son chemin sous mon armure tant il me comprenait. Ce cheval de rien qui avait su tout me donner et avec qui j'ai eu l'indicible chance de nouer un lien unique. Dans cette inédite obscurité que traversait ma vie, Ivoire était ma lumière, mon porteur d'espoir le plus profond. J'avais beau me trouver dans les murs de notre maison familiale, je savais que dans un pré, quelque part, mon ami était là, disponible et à la portée d'un trajet en voiture aussitôt que quelqu'un pourrait m'y conduire.

Je me souviens du moindre détail de l'instant qui a précédé l'habituelle sonnerie de mon téléphone. Je repensais très exactement à cette dernière sortie dans les marécages que nous avions faite en groupe, accompagnés des autres cavalières de cette pension. J'aimais particulièrement ces fugaces moments où Ivoire, cueilli par un quelconque élément inhabituel du décor, renonçait à se laisser gagner par la peur, comme en se souvenant que je comptais sur sa maîtrise de la situation. Et c'était comme un élan de complicité supplémentaire qui se glissait entre nous qui engrangions, chacun à notre manière, les souvenirs qui nous occuperaient le reste du temps.

Sur l'écran devant moi, je m'efforçais d'imaginer Anakin Skywalker lancé furieusement à la poursuite d'un tueur à gages à bord de cet iconique speeder jaune sur Coruscant. J'avais eu la chance de perdre la vue après avoir pu rêver devant le deuxième opus de la célèbre saga *Star Wars*, et je n'avais qu'à en entendre la bande sonore pour revivre pleinement le long-métrage. C'est alors que le téléphone a sonné, et que le nom de Maylis a été annoncé par mon éternelle synthèse vocale. La rencontre des grands esprits. Maylis habitait alors sur place, au sein de cette pension où logeait Ivoire, et c'est le cœur tout heureux d'accueillir des nouvelles du champion que j'ai accepté l'appel.

Ce qu'ont été les mots exacts de Maylis, je ne saurais le dire. Je crois que mon cerveau a enclenché un mode qui ne tolère pas l'encodage de la mémoire. Je me revois simplement dans la voiture de mon amie Mathilde alors que nous roulions vers la clinique vétérinaire équine la plus proche. Les nouvelles de Maylis n'étaient pas bonnes. Retrouvé couché dans son pré, Ivoire n'avait consenti à se lever qu'après de rudes et insistantes sollicitations. Il était faible, absent, tremblant, probablement douloureux. Quelques examens réalisés au téléphone sous ma consigne n'ont plus permis le doute, le problème était d'ordre digestif. Ivoire était en proie à une colique foudroyante qui nécessitait des soins urgents. Et en plus de ne pas avoir mon propre véhicule que j'aurais de toute manière été bien incapable de conduire, je n'avais pas la moindre solution pour transporter mon ami en clinique. L'urgence de la chose m'a été confirmée par une vétérinaire ayant accepté de se déplacer, et je ne voyais plus qu'une seule chose à tenter. J'ai alors pressé sur mon écran le numéro de Sébastien Carralot. Si quelqu'un pouvait comprendre ce qu'était Ivoire et lui apporter un secours efficace, c'était bien lui. Alors bien au-delà de mes espoirs, Sébastien m'a informé envoyer son camion sur place pour le conduire en clinique vétérinaire. Ivoire s'est finalement trouvé transporté à la clinique du Dr Lenormand. Une fois que je l'ai su entre de bonnes mains, j'ai pu appeler ma mère, Mathilde, et Tiffany.

Le vétérinaire sur place m'a rappelé. C'était comme si une partie, une infime parcelle de mon être s'était préparée au pire. Comme si j'avais eu besoin de créer par avance l'onde sismique qui allait me faire vaciller lorsqu'elle prendrait racine dans la réalité. Alors le vétérinaire me l'a confirmé, c'était grave et il n'y avait rien à faire. Je n'ai donné que deux instructions. Je voulais qu'Ivoire ne souffre pas, et je voulais être à ses côtés. Ces deux points entendus, j'ai cherché le moyen de m'y rendre au plus vite, quoi qu'il puisse m'en coûter. N'ayant aucune réponse, je commençais à envisager de faire appel à un taxi pour lui offrir la plus lucrative course de son trimestre quand Mathilde m'a répondu.

— Ivoire est chez Lenormand. Il n'y a rien à faire. J'ai besoin d'y aller.

— J'arrive.

Je jure à cet instant, au moment exact où j'ai posé mon téléphone, avoir ressenti une flamme parcourir le moindre centimètre carré de ma chair. Tout en moi, ce que j'avais et ce que j'étais, était dérisoire et inutile. Les bras ballants dans une cuisine bien trop grande, trop propre et nette pour le désordre qui s'accumulait dans ma vie, je serrai les dents sous l'assaut du vide qui siphonnait mes dernières forces. Et Tiffany m'a rappelé. En bon élève habitué à faire son rapport, je lui ai expliqué ce qu'il en était, ce que j'avais fait pour Ivoire, le camion de Sébastien, la voiture de Mathilde et enfin le compte rendu vétérinaire. Qu'attendais-je exactement ? Un mot ? Une idée ? Une solution de dernière minute à laquelle personne n'aurait pensé, ou une ultime vérification qui aurait, je l'espérais, échappé à ma frêle expérience ? Mais rien n'est venu. Rien que le silence. Puis quelques larmes, et des sanglots d'impuissance. Alors de mon côté aussi la digue a lâché. Tiffany, ma guide, mon enseignante que jamais je n'avais entendu pleurer, voilà qu'elle aussi était démunie devant l'inéluctable.

Cela avait beau être la dernière fois, j'étais heureux de rouler en direction de mon ami si cher. Les roues se sont immobilisées, le grondement de la voiture s'est estompé. Une épaule sous ma main, et mes pas m'ont conduit, après une enfilade de pièces, à une grande salle dans laquelle m'attendaient Maylis, ma mère, et mon champion. Aux commentaires à mon arrivée, j'ai compris qu'il m'avait reconnu. Son sabot droit a gratté le béton, et sa tête a remué avec empressement. Même dans ce dernier instant, Ivoire m'ordonnait impérieusement de m'approcher. Alors j'ai tendu la main vers lui, comme mille fois auparavant, avant qu'il ne la gratifie de son souffle chaud, et lui ai flatté l'encolure maculée de boue. Mon Ivoire. Mon champion avec qui nous avions tant partagé. Il m'avait attendu. Alors j'ai fait durer cet instant autant que possible, flattant chaque partie de son corps comme pour un simple pansage. Je m'étais juré de ne pas craquer devant lui, de n'être rien d'autre que ce garçon qu'il avait connu, celui avec qui il avait tant partagé. Sa seule présence m'interdisait de m'abandonner au désespoir.

Ivoire a été endormi dans la soirée. Son souffle s'est interrompu, la tête posée sur mes genoux, dans l'apaisement et l'entourage de quelques personnes pour qui il comptait au-delà de toute valeur. Il n'y a pas eu la moindre agitation, pas le moindre relief à ce déchirement dont je n'ai pu que sortir profondément transformé.

Ivoire avait succédé à Dodjani, revêtant sans que ce soit prévu mes espoirs de débutant en compétition. Il m'avait accompagné à mon premier Jumping de Bordeaux, appris ce qu'était une défaite, une victoire, l'humilité, l'imprévu, la rigueur, la patience, ce qu'étaient ces fragiles sentiments de joies éphémères et de frêles déceptions, avant de m'enseigner par deux fois la consécration en m'offrant les victoires que jamais je n'aurais imaginées à ma portée. Plus qu'un simple animal, c'était un ami, une partie de moi-même qui gisait devant moi, massive et inerte, vaincue par le coup du sort qui ne s'embarrasse pas de raisons pour dissoudre des existences.

Les fers de mon cheval en main, et dans la poche deux mèches de sa crinière, j'ai fini, de longues minutes plus tard, par pousser la grille hors de l'écurie. Le froid de décembre m'a aussitôt saisi, de la même intensité que le paisible bruissement du vent dans les feuilles, que la présence de mes amies Mathilde, Maylis et Alis, ma mère, toutes les quatre et leur silence ému, faisant écho à ma voix perdue au fond de ma poitrine. Si une étoile de plus émaillait le ciel ce soir-là, il me revenait à présent la mission de ne pas abandonner ce nouvel ami qui partageait désormais mon aventure et auquel Ivoire venait de céder la place une fois pour toutes, Rapsody. Alors dans la nuit, sous le regard du vétérinaire présent jusqu'au dernier instant, les choses ont repris leur place. Le visage fermé et lourd, trois amies se sont mises en route, suivies de près par une mère et un orphelin.

Chapitre XVI

Quelqu'un pour y croire

Un souffle puissant vient gratifier ma main tendue alors que je retrouve Rapsody au paddock. Lui comme moi sommes prêts pour la suite. Le parcours est comme nous l'avions anticipé, à notre portée. Quoique beaucoup en aient dit jusqu'ici, le travail que nous avons abattu pour en arriver là peut très largement satisfaire à nos espoirs.

De retour en selle, je relance Rapso dans un galop actif, avant d'être guidé par Tiffany et Camille sur un obstacle encore rehaussé. Deux fois de suite, je sens mon champion s'élever avec force pour se réceptionner souplement de l'autre côté. Nos distances sont bonnes, le rythme est suffisant. Proche de la porte d'entrée, Tiffany est en conversation avec Frances.

— Ça va être à nous. Tu es prêt ?

*

Il m'a fallu de nombreux mois pour me relever de la perte d'Ivoire en recomposant petit à petit le tableau de ma vie. En toute fin d'année 2015, Rapsody alors convalescent a rejoint Tiffany au sein de ses nouvelles écuries proches de Bayonne, à Saint-Martin-de-Seignanx, sous la direction de Sébastien Magis. Au prix de réguliers allers-retours, j'ai ainsi pu constater la bonne remise en forme de mon champion sous la surveillance efficace du vétérinaire Franck Pénide. Immédiatement, j'y ai été accueilli comme un membre du groupe à part entière, si bien que je me suis vite senti chez moi en y nouant des amitiés nouvelles. De façon certaine, je ne me serais pas relevé aussi vite sans le soutien de Tiffany ou la présence de mes amies cavalières Laetitia Bernard, Zoé Grand, Cindy Duval, Sandra Escudé et bien d'autres. Ce sentiment de n'être à ce moment-là que le fantôme du passé m'a malheureusement conduit à perdre quelques autres liens précieux, mais je ne pouvais demander au monde entier de comprendre ce que je traversais. Par ailleurs épuisé de quémander une adaptation de poste professionnel qui ne venait pas, et devant une opportunité nouvelle, j'ai pris la décision à la fin du mois de juin 2016 de mettre fin à mon CDI de kinésithérapeute, et de troquer mon appartement bordelais pour un studio en région parisienne.

À l'été 2016, il y avait déjà plus d'un an que j'écrivais régulièrement pour le blog équestre Info Jumping et j'avais déjà eu diverses autres occasions de comprendre que le journalisme aurait pu me plaire. Si je n'essayais pas de changer de vie maintenant, je ne le ferais probablement jamais. J'ai donc saisi l'occasion d'une annonce pour décrocher un stage de six mois au sein du célèbre magasine *Grand Prix*, dont la rédaction en ligne était gérée par Johanna Zilberstein que je connaissais bien, et la partie rédaction plus globalement toujours tenue par Sébastien Roullier aux côtés de qui j'ai beaucoup appris en peu de temps. Le calendrier m'a par ailleurs offert le privilège d'être ainsi aux premières loges pour suivre les Jeux olympiques et paralympiques de Rio, et par la même occasion l'or français par équipe et l'argent individuel d'Astier Nicolas pour le concours complet, et l'or par équipe de la France en saut d'obstacles. Je n'ai par ailleurs pu m'empêcher de vibrer au rythme des participations du Marocain Abdelkebir Ouaddar, ou plus personnellement de René Lopez pour la Colombie. J'avais beau n'être que stagiaire, vivre dans 17 m^2, être payé moitié moins qu'auparavant pour un loyer bien supérieur et passer un temps monstrueux en TGV pour rejoindre mon cheval à Bayonne, cette vie était exactement ce qu'il me fallait. J'avais trouvé un équilibre en me voulant strictement efficace sans m'encombrer du superflu, si bien que peu de choses me résistaient.

Comme l'ensemble des cavaliers l'avaient pressenti, la reprise du circuit n'a plus été à l'ordre du jour pour la FFE, qui ne jurait que par la priorité du dressage paralympique. Quelques organisateurs d'extrême bonne volonté ont fait leur maximum pour maintenir la flamme, ainsi avons-nous reçu des invitations aux concours de Canteleu et Rouen en Normandie par la grande motivation de Karine Boué parmi d'autres événements, mais nous étions privés de La Baule, Lyon et autres concours qui ont contribué à notre renommée. Étant élu représentant des cavaliers pour Handi Equi' Compet depuis 2015, j'ai eu des retours selon lesquels la consigne officieuse était de limiter l'ouverture de ces épreuves. M'étant par ailleurs frontalement opposé aux actes délétères de ces quelques cavaliers qui ont conduit à cet héritage, j'ai moi-même été la cible de rumeurs et autres insultes plus ou moins créatives qui, étant donné leur provenance, ne faisaient jamais que m'encourager à poursuivre. Dans cette situation chaotique émergeait une opportunité née quelques années plus tôt, lors d'une conversation innocente avec Guillaume Canet. Puisqu'il n'y avait plus de circuit ni assez de compétitions para, et avec le retour en forme de Rapsody, pourquoi ne pas réorienter tout notre entraînement vers un travail qui se passerait de cheval guide ?

Le sort a rapidement semblé accepter ce revirement, lorsque j'ai reçu un nouvel appel de Guillaume me proposant de me mettre en relation avec Christophe Ameeuw, l'organisateur et fondateur des Longines Masters de Paris, Hong Kong et Los Angeles. Cette série prestigieuse avait notamment vu le retour en selle de mon ami acteur en 2012 sous le nom de Gucci Masters lors de son itération parisienne. Si nous arrivions à nous préparer à temps, Guillaume proposait de se joindre à nous pour présenter au monde équestre le fruit de notre travail. Quelques mois plus tôt, j'avais reçu des mains de la Fédération royale marocaine des sports équestres le Prix de la reconnaissance, visant à récompenser notre victoire à La Baule l'année précédente. J'avais saisi l'occasion du discours de remerciement pour annoncer ma volonté de changer de mode de travail en espérant gravir les échelons de la compétition valide sans plus recourir au cheval guide, ce qui m'a valu d'émouvants encouragements de plusieurs grands noms présents sur place, dont le président de la Fédération équestre internationale en personne. Avec le rendez-vous qui se profilait avec Christophe Ameeuw, j'avais l'occasion rêvée de démontrer qu'il était possible à un cavalier d'être compétitif face à d'autres, même privé de ses yeux. Je n'ai pu m'empêcher un sourire crispé alors que, dans un cadre prestigieux et face à ce grand nom du cheval, je n'avais pour exemple à lui montrer qu'un récent parcours réalisé lors de la fête de notre club, arborant un costume en lycra rouge de Daredevil. Mais l'opportunité a fini par séduire ce passionné, et nous nous sommes engagés, à deux jours de mon installation à Paris et la veille de ma prise de poste chez *Grand Prix*, à unir nos forces dans cet objectif. N'ayant plus à nous préoccuper des éventuelles fautes commises par le cheval guide, nous avions plus de latitude pour augmenter le niveau des barres et nous nous sommes ainsi mis d'accord sur une hauteur de 1,05 m.

Il a souvent été dit depuis que j'allais être le premier cavalier non voyant à enchaîner un parcours d'obstacles sans l'appui d'un cheval guide, ce qui est inexact. D'autres ont développé plusieurs méthodes pour dérouler des parcours au niveau club, davantage dans un objectif de pédagogie que de performance au chronomètre, et sur des hauteurs peu élevées. On ne connaît toutefois aucun autre cavalier non voyant qui pratique de cette manière à ce niveau de performance. Notre approche se voulait orientée vers la compétition amateur, ce qui impliquait de mettre au point une façon de faire sur mesure. Ainsi est arrivée l'occasion de donner vie aux bribes d'idées que j'avais gardées pour moi des années durant. L'idée de certains cavaliers malvoyants de recourir à des personnes pour les appeler en se tenant proche des obstacles, les *callers*, me semblait être une première option intéressante. En se situant toujours du même côté des obstacles pour m'appeler régulièrement, ils m'ont rapidement permis d'avoir à l'esprit la localisation exacte du saut suivant, à la manière d'une balise qui y serait accrochée. Afin que mes courbes soient d'une précision maximale, j'ai proposé à Tiffany de se déplacer à sa guise sur le terrain pour m'apporter des informations de direction et des trajectoires à travers quelques mots simples : « droite », « gauche » et « ligne ». Ce n'est qu'à partir de ce moment que j'ai éprouvé toute l'intensité du quotidien que j'avais choisi. Aux semaines de travail succédaient les week-ends d'entraînement acharnés pour toute l'équipe, allant même jusqu'à nous engager à quelques compétitions pour éprouver les limites de notre méthode en conditions réelles. Ne m'accordant pas la moindre journée de repos, j'étais conduit à l'aéroport dès le vendredi soir en sortant du travail pour rentrer le plus tard possible le dimanche soir. Pour m'assurer le moins d'accrocs possible dans cette organisation, j'ai placé ma confiance dans le même chauffeur pour assurer ces déplacements. Comme Batman a son Alfred, j'avais Nadine. La seule règle valable pour moi était surtout de ne rien concéder en termes d'efficacité.

Au-delà de toute la nouveauté dans les sensations que j'ai dû acquérir, il a fallu trouver une organisation millimétrée qui nous y préparerait tous. En plus de l'appui précieux de Sébastien Magis et de l'inestimable investissement de Tiffany, j'ai alors pu compter sur une autre cavalière de confiance, la jeune Élodie. Ne pouvant me libérer que deux jours par semaine, Élodie a été pendant plusieurs mois la seconde cavalière de mon cheval en assurant plusieurs séances d'entraînement pour elle-même prendre part à quelques compétitions. J'avais beau être à des centaines de kilomètres, je savais mon champion en de bonnes mains. Lorsque nous le pouvions, nous faisions appel à des renforts parmi les cavaliers disponibles sur place pour faire office de petites voix sur la piste, si bien que presque tous l'avaient fait au moins une fois. Lorsque personne n'était disponible, Tiffany assurait la triple fonction de coach, guide et *caller* sur des dispositifs simples. Peu à peu, nous rehaussions les cotes des barres allant jusqu'à quitter le niveau Club pour la catégorie Amateur 3 entre 95 et 105 cm. En dernière minute, j'ai émis l'idée de proposer à d'autres cavaliers de se joindre à Guillaume et à mes amis de l'écurie pour prêter leur voix à l'exercice. Ainsi, l'une des stars de mon enfance en plus d'être l'un des récents médaillés d'or à Rio, Philippe Rozier, a accepté de nous rejoindre en compagnie de son talentueux frère Thierry, lui aussi cavalier international. D'autres ont prévenu qu'ils se porteraient volontaires si leur ordre de passage sur l'épreuve suivante leur laissait assez de temps, ce qui n'a finalement été le cas pour aucun d'entre eux. Deux nouveaux noms sont venus s'ajouter à ceux de mes partenaires : le fabricant d'étriers Flex On, ainsi que la marque de vêtements protecteurs intégrant une technologie airbag, Oscar & Gabrielle.

J'étais enfin préparé pour l'événement, la preuve qu'être différent peut vous faire passer du statut de curiosité à celui d'opportunité.

Chapitre XVII

Pour le meilleur

La visière de mon casque ne m'épargne que très peu de la lumière qui m'assaille en entrant sur la piste sous les premiers applaudissements du public nombreux. Environ 6 000 personnes m'a-t-on dit. Je devine plus que je ne les entends les derniers mots d'encouragement au micro de Yannick Bichon et Marc Maury, accompagnés en anglais de Matt Millin. Rapsody est en pleine forme et d'un calme olympien. Tiffany achève de s'assurer que toutes nos petites voix sont bien en place et le silence se fait sur la piste alors que je plonge dans ma bulle de concentration.

Je lance Rapsody au petit galop à gauche en suivant l'appel de ma petite sœur postée sur le numéro 1 qui passe sans encombre. Je n'ai que peu de place pour négocier la légère courbe pour aller jusqu'au 2, et je me présente du mieux possible. Comme je le craignais pendant la reconnaissance, Rapso se fait surprendre et s'arrête juste à l'abord. Rien de très grave. Il suffit d'un cercle, et je reviens dans les mêmes conditions... Pour un même résultat.

– On se calme, me dit Toof. Il est pas simple. C'est un naturel, les fleurs l'impressionnent un peu. On y retourne.

J'inspire profondément et chasse la moindre question. Il n'y a rien de plus compliqué que tous les week-ends depuis des mois, alors quelle raison pour échouer maintenant ? Je reprends le galop avec plus de rythme. S'il est inquiet, c'est à moi de lui faire comprendre que c'est à notre portée. Je me présente en face à une plus grande distance et maintiens mes jambes au contact. D'un appel de langue, je l'encourage sur sa prise de battue avant de retrouver le sol de l'autre côté. Je respire un peu en suivant les quelques mots de Tiffany. Les deux suivants passent sans encombre et je retrouve mes sensations habituelles. Guillaume entame son appel alors que j'arrive dans ce virage en épingle au fond du terrain. Au dixième de seconde, il m'indique que je suis dans l'axe pour sauter. Je suis très proche, mais Rapso répond à merveille et ne frôle pas même la barre. Les filles sur le double prennent le relais, si bien que je pourrais y aller sans un mot de Tiffany. Je garde un bon rythme pour qu'il y ait bien une seule foulée entre les deux sauts, puis me lance sur la courbe suivante en direction de Thierry Rozier. Il est dans une diagonale qui me conduit à nouveau au fond de la piste et son obstacle passe sans problème. Le dernier *caller* commence son appel le long du grand côté. Je me dirige vers la piste de sorte à venir de loin vers Philippe Rozier qui m'appelle toujours. La distance sera bonne, Rapsody est en confiance et il file droit vers la barre. Il frappe le sol et monte, je me couche sur son encolure en ressentant presque la forme de l'obstacle en dessous. Nous regagnons le sol et ma bulle éclate dans mon cri de joie relayé par tout ce monde autour.

J'étreins mon champion alors que des mains amicales se pressent autour. J'agrippe fort celle de Tiffany, incapable de saisir les mots qu'elle me lance à la volée. Une pensée fugace pour tous ceux qui ont usé leurs forces à me rappeler combien cela serait impossible s'invite puis disparaît.

– Bravo mon pote !

En me félicitant, Guillaume attrape ma main dans les siennes que je serre sans plus penser.

– Merci Guillaume. Merci pour tout.

– J'ai rien fait moi, me dit-il. C'est toi le fou furieux dans l'histoire !

Yannick me tend son micro. Comment si rapidement trouver les mots ? Chacun et chacune de ceux qui ont vécu ce moment à mes côtés savent combien les mots ne suffiront jamais à le restituer. La voix amplifiée de Marc Maury au-dessus de moi parle de cette « grande première » que nous venons d'accomplir comme le parcours du vingt-huitième cavalier de cette épreuve, un honneur infini qui ponctue de la plus belle des manières ce projet dans lequel nous avons tant espéré. Plus tard dans la soirée, ce sont les cavaliers eux-mêmes qui brisent la glace et m'accueillent parmi eux, sans plus redouter la moindre question, le moindre partage d'impression. Comme avec n'importe quel compétiteur de mes concours régionaux, je me retrouve à parler de technique, de progrès ou des petits pièges de l'épreuve avec ces noms légendaires du jumping mondial, allant jusqu'à plaisanter en toute spontanéité.

Nous y sommes. Le voilà, ce grand et bel espoir qui m'a tant manqué. Voilà sous leurs yeux par milliers l'accomplissement de tout ce travail, de tous ces sacrifices et de ces doutes. Là où tous ont vu cet aveugle venir à bout de l'impossible, je me fais la promesse, du plus profond de moi, de toujours considérer l'impossible non plus comme la fin d'un rêve, mais comme le commencement d'une aventure.

Chapitre XVIII

Le commencement

Ce que cette première participation au Longines Masters de Paris a ouvert comme possibilités a dépassé de loin tout ce que j'aurais pu imaginer. J'ai, pour commencer, bénéficié d'une visibilité médiatique nouvelle. Invité à Europe 1, une innocente proposition de David Abiker à la fin de l'enregistrement de l'émission m'a permis de donner une conférence TEDx, me mettant ainsi le pied à l'étrier dans le milieu des conférences, ce qui compte aujourd'hui au nombre de mes activités professionnelles. J'ai également participé à des émissions de télévision. Je me souviens notamment de l'enregistrement de « Salut les terriens ! » où Thierry Ardisson m'avait proposé de venir surprendre Guillaume Canet. Impossible de rester de marbre devant l'humour de Laurent Baffie qui à la fin de l'émission m'avait lancé :

– Eh, Salim, tu rentres comment ? T'es venu en Vélib' ?

Grâce à Guillaume, j'ai rencontré Philippe Rozier et nous avons osé tenter une participation en championnat valide face aux cavaliers d'Aquitaine. Le premier jour s'étant plutôt mal déroulé, je n'ai plus eu comme objectif que de présenter un travail propre sur les deux autres parcours, ce que nous avons réussi à faire. Quelques invitations nous sont arrivées, dont une à participer à mon très cher Jumping de Blaye, et une à nous rendre jusqu'en terre danoise pour une démonstration. Ce que nous avons fait en octobre 2017. C'était la première fois que je mettais les pieds au Danemark et j'avais du mal à concevoir l'invitation qui nous a été faite de présenter une démonstration à l'occasion de l'étape Coupe du monde de dressage d'Herning, pour y démontrer quelque chose d'inédit dans le pays tout entier.

Mais nous avons rapidement fait le choix de limiter nos démonstrations, étant entendu qu'elles ne représentaient pas une fin en soi pour le compétiteur que je suis. Christophe Ameeuw, dont je suis resté proche depuis lors, m'avait proposé pour 2017 de relever un défi tout autre : ouvrir une épreuve des six barres, soit une ligne de plusieurs obstacles croissants dont le dernier atteint généralement des hauteurs impressionnantes. Le tout se ferait au bénéfice d'une association pour laquelle l'horloger Longines s'engageait à verser une somme correspondante à la hauteur franchie. Devant l'âge de Rapsody et ses antécédents, je doutais qu'il puisse être prêt pour un pareil exercice. Nous avons donc trouvé le parfait candidat un mois avant l'événement. Sous ma selle, le grand Calypso By Cartoflex s'articulait en prenant le galop à gauche. J'écoutais avec attention la voix de Tiffany pour ne pas échouer dans la courbe qui précédait ma ligne. J'approchais puis franchissais le premier. Deux foulées et nous arrivions au deuxième sous la voix de Sébastien. Deux foulées de plus me conduisaient à la troisième barre d'une hauteur encore supérieure que j'encaissais en suivant le mouvement fluide de ma monture. Guillaume m'a appelé dès la réception, j'ai maintenu notre équilibre pour les deux dernières foulées puis Calypso s'est élevé au-dessus de ce vertical à 1,40 m. Aucune barre n'est tombée lorsque nous avons retouché terre. Autour de nous, le Longines Masters semblait se réveiller soudainement et une pression s'est échappée de ma poitrine. Par ce dernier passage, nous venions d'offrir 25 000 euros à l'association Sur les bancs de l'école tout en démontrant que la hauteur ne représente pas une limite infranchissable à qui sait se préparer.

Quelques changements se sont également opérés dans mon quotidien. Six mois après la fin de mon stage chez *Grand Prix*, et après avoir travaillé comme pigiste jusqu'en août 2017, j'ai choisi de me rapprocher de mon cheval en revenant vers Bordeaux, ce qui a coïncidé avec la fin d'une vie solitaire qui depuis s'écrit aux côtés de ma formidable compagne. Si ma forteresse de solitude reste profondément ancrée dans mon ADN, je trouve à ses côtés l'énergie de poursuivre ces milliers de projets qui se présentent à moi.

Certaines histoires ne se déroulent pas toujours comme prévu, et bien du monde s'est étonné d'apprendre que Tiffany et moi ne travaillions plus ensemble depuis le mois de mai 2018. Les choix comme celui-ci ne se font jamais simplement, mais rien ne nous retirera jamais cette aventure commune de plus de dix années, ni cette amitié qui en a été le ciment. C'est aujourd'hui à Coutras sous le coaching de Fanny Poletto que Rapsody et moi poursuivons notre route commune. Il n'est de plus belle récompense pour les espoirs et désillusions qui ont été les miens au commencement que de compter parmi les élèves de cette cavalière professionnelle, compétitrice dans l'âme et grande passionnée, le tout avec le regard expérimenté de son père, le chef de piste Patrick Poletto.

De tous ces vieux rêves de gosse, le plus vieux était d'arriver sur le chemin que j'arpente aujourd'hui. Il me paraissait fou d'espérer serrer la main de Pierre Durant, partager une amitié avec Guillaume Canet, être reconnu comme cavalier à part entière par des champions olympiques, emmener ma mère aux commandes d'un petit avion, voir les participations aux Jeux paralympiques de mon ami Timothée Adolphe, confronter régulièrement mes idées à celles du créateur et réalisateur non voyant Mason Ewing, faire rêver les enfants qui m'ont succédé à l'hôpital en incarnant pour eux les couleurs de nos super-héros, mais la folie d'en rêver et la force d'y croire m'ont définitivement enseigné que prendre le risque d'échouer, c'est se donner une chance de réussir.

Table

Préface, par Guillaume Canet 9
Avant-propos 13

Chapitre I. Forteresse intérieure 17
Chapitre II. Apprendre
 la différence 31
Chapitre III. Survivre 41
Chapitre IV. Un nouveau monde 53
Chapitre V. Ma première chute 75
Chapitre VI. Dans la brume 89
Chapitre VII. Un jour viendra 103
Chapitre VIII. Souvenir d'été 119
Chapitre IX. Une seconde chance 131
Chapitre X. Un nouveau regard 143
Chapitre XI. La deuxième place 151
Chapitre XII. Une équipe d'enfer 165

Chapitre XIII.	Les choix d'une vie	175
Chapitre XIV.	Rapsody	187
Chapitre XV.	Mon vieil ami	203
Chapitre XVI.	Quelqu'un pour y croire	213
Chapitre XVII.	Pour le meilleur	223
Chapitre XVIII.	Le commencement	229